Nathalie Penquitts

# Motivierte Pferde

Nathalie Penquitts

# Motivierte Pferde

von Dr. Nathalie Penquitt

CADMOS
PFERDEBÜCHER

VIELEN DANK
an das tolle Team von Hof Hohenholz, besonders Susanne Poddey mit Sparkling Smarties und Eike Sieglerschmidt mit Jack, die mir bei vielen meiner Projekte mit Rat und Tat zur Seite stehen.

Obwohl dieses Buch wahrscheinlich sogar mehr Leserinnen als Leser haben wird, wurde zugunsten des Textflusses auf die zusätzlichen weiblichen Wortformen verzichtet.


Gestaltung: Ravenstein, Verden
Fotos: S. Poddey: 8, 9, 13, 15, 107,
E. Sieglerschmidt: 51, 88, 98, Rückseite unten,
N. Penquitt: 42, 43, 44, 52, 60, 61, 78, J. Jehring: 102, alle anderen M. Lins
Zeichnungen: E. Sieglerschmidt
Druck: Westermann, Zwickau



Printed in Germany

ISBN 3-86127-386-8

# Inhalt

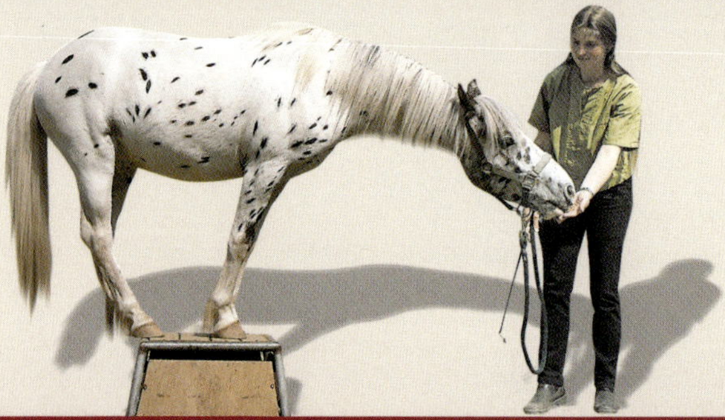

Das Idealbild jeglichen Reitens ist der Centaur. Der Centaur der Mythologie besteht aus einem menschlichen Geist und einem Pferdekörper. Der Centaur unserer Wirklichkeit besteht aus zwei Geistern und zwei Körpern. Beide müssen wollen, was beide können.

Motivation ist die Grundlage für das Lernen, Lernen die Grundlage für das Können. Nathalie Penquitt versteht es, Pferde und Menschen zu motivieren. Motivierte Pferde und Menschen erst können ihre Zeit gemeinsam schön verbringen.

Bent Branderup

# Meine motivierten Pferde

Oft werde ich nach einer Vorführung mit meinen Pferden auf einer Messe oder einer anderen Veranstaltung angesprochen, es sähe alles so leicht aus und man könnte den Pferden ansehen, dass sie gerne mitmachen. Diese Kommentare freuen mich besonders, mehr, als dass alles perfekt sei oder besonders sensationell wirke.

Einem Pferd hohe Leistungen abzuverlangen und es dabei bei guter Laune zu halten erfordert Erfahrung und Einfühlungsvermögen, aber nur so lernt das Pferd optimal und gibt sein Bestes.

Ein Buch zu dem Thema Motivation kann alles oder nichts enthalten. Diese Gefahr sah ich, als ich begann, mich mit dem Projekt zu beschäftigen. Gerne schreibe ich so, dass alles bis ins Detail erklärt wird. Das ist bei diesem Thema nicht immer möglich. Hier werden Reiter der verschiedensten Reitweisen gleichzeitig angesprochen. Sie sollen die Möglichkeit haben, Tipps aus dem Buch auf ihre Bedürfnisse anzuwenden.

Ein einzelnes Buch kann nicht alle Ausbildungsmethoden und Lektionen erklären. Stattdessen habe ich vielmehr meine grundsätzliche Einstellung zur Lösung von Problemen beschrieben und viele meiner kleinen Tipps erläutert.

Anhand von vier Pferden gebe ich praktische Anleitungen, wie ein Pferdealltag abwechslungsreich gestaltet werden kann, sodass die Pferde motiviert und gut gelaunt mit uns zusammenarbeiten.

Nicht vordrängeln bitte! Alle Pferde wollen gerne ihren Kopf ins Halfter stecken.

# Was ist Motivation?

„Die Gesamtheit der Gründe, die dazu führen, etwas Bestimmtes zu tun“, so oder so ähnlich steht es in einem Fremdwörterlexikon als Definition von Motivation.

Im Folgenden spreche ich von Motivation, wenn bei dem Pferd der Antrieb und Wille vorhanden ist, den Anweisungen und Vorschlägen des Ausbilders nachzukommen. Der Begriff Motivation bezieht sich also auf das Verhalten des Pferdes während der Ausbildung und des Trainings und zwar mit einem positiven Vorzeichen. Der Grund für das Ausführen einer Lektion darf nicht die Angst vor einer drohenden Strafe sein. In den meisten Fällen würde die Lektion dann sowieso nicht gut gelingen und der Ausdruck des Pferdes könnte den Betrachter kaum begeistern.

### WIE ERKENNT MAN DAS MOTIVIERTE PFERD?

Ein motiviertes Pferd möchte gerne tun, was von ihm verlangt wird. Es hat Lust, sich zu bewegen, ist aufmerksam und konzentriert.

Alles beginnt schon damit, dass sich das Pferd willig von der Weide oder aus dem Auslauf holen lässt. Wenn man das Halfter schwenkt, sollte das Pferd zu einem kommen und nicht davonlaufen. Häufig kann jedoch das Gegenteil beobachtet werden: Mit hinter dem Rücken verstecktem Halfter schleicht sich der Reiter in den Auslauf, um sein Pferd zu überraschen, bevor es wegläuft. In diesem Fall ist das Pferd nicht motiviert, mit seinem Menschen zusammenzuarbeiten. Es möchte lieber bei seinen Artgenossen bleiben. Sie geben ihm ein besseres Gefühl. Bei dem Menschen fühlt es sich vielleicht nicht sicher oder das Training endet oft frustrierend mit wenig Lob. Viele Gründe sind denkbar, aus denen ein Pferd nicht gerne zum Menschen kommen will.

### WIE ERKENNT MAN DAS UNMOTIVIERTE PFERD?

Das unmotivierte Pferd arbeitet nicht gerne mit. Dafür kann es ganz verschiedene Ursachen geben. Ist ein Pferd nicht motiviert, erkennt man das an verschiedenen Anzeichen:

- Es lässt sich nicht gerne einfangen und kommt schon gar nicht freiwillig.
- Es kann einen desinteressierten oder unfreundlichen Gesichtsausdruck haben.
- Durch jede Kleinigkeit lässt es sich von seiner momentanen Aufgabe ablenken. Andere Pferde sind ihm stets wichtiger.
- Besondere Schreckhaftigkeit kann ein Zeichen für mangelnde Motivation sein. Die geringe Konzentration auf die Arbeit macht das Pferd empfindlich gegen Einflüsse von außen.
- Andererseits zeigt sich fehlende Motivation auch in vermeintlicher Faulheit und Abgestumpftheit.
- Ein schlurfender Gang und verzögerte Reaktionen auf die reiterlichen Hilfen deuten auf ungenügende Motivation hin.

## Was beeinflusst die Motivation?

Viele Faktoren aus dem Alltag des Pferdes haben Einfluss auf die Motivation des Pferdes bei seiner Zusammenarbeit mit dem Menschen.

### HALTUNG

Wird das Pferd einzeln oder in der Gruppe gehalten? Kann es sich jederzeit bewegen, wenn es möchte? Steht es in einem Offenstall oder überwiegend in einer Box? Davon, dass ein Pferd womöglich ausschließlich in der Box steht, möchte ich gar nicht sprechen.

Pferde, die einzeln gehalten werden, binden sich möglicherweise stärker an den Menschen und sind besonders froh, wenn er sich mit ihnen

In der Herde auf der Weide können Pferde ihren natürlichen Bedürfnissen nachkommen.

Viel Bewegung muss ein Pferd nicht faul und träge machen ...

... wie man hier ganz deutlich bei Amber sieht, die ständig im Offenstall steht.

beschäftigt. Ihre Motivation beim Training mitzumachen, ist also besonders groß, aber um welchen Preis? Es kann keine Lösung sein, sich das Pferd besonders unwohl fühlen zu lassen, nur damit es dann über unsere Gegenwart besonders froh ist. Ähnlich verhält es sich mit dem Mangel an Bewegung. Es ist ganz natürlich, dass ein Pferd, das aus der Box kommt, einen höheren Vorwärtsdrang hat. Vielleicht wird die Piaffe dann frischer oder die Passage höher, aber geht es dem Pferd gut dabei? Wäre es nicht erstrebenswerter, den gleichen Effekt durch besonderen Eifer des Pferdes zu erreichen, weil es auf ein Lob für seine Bemühungen hofft?

## FÜTTERUNG

Die Fütterung wirkt sich auf den Gehwillen und die Gelassenheit des Pferdes aus. Viel Kraftfutter macht das Pferd spritziger. Das kann bei sowieso temperamentvollen Pferden hinderlich werden. Wären sie etwas ruhiger, könnte man besser mit ihnen arbeiten. Manches schwierige Pferd im Gelände wird nach einer Reduktion des Kraftfutters bei entsprechender Erhöhung des Raufutters zum braven Begleiter. Gleichzeitig muss darauf geachtet werden, dass alle Pferde, auch die rangniedrigen, ausreichend Zugang zum Trinkwasser haben. Mangeler-

Zirkuslektionen bieten eine schöne Möglichkeit, das Verhältnis zum Pferd zu optimieren.

scheinungen wie beispielsweise der nicht so seltene Selenmangel machen das Pferd träge und gehfaul. Es wird als faul abgestempelt, obwohl eine Futterumstellung oder eine gezielte Kur Wunder wirken könnte.

## ANDERE PFERDE

Sind bei der Arbeit andere Pferde dabei, kann das Einfluss auf die Motivation haben. Dabei übertragen sich Stimmungen unter den Pferden.

Es ist beispielsweise hilfreich, auf einem Ausritt ein ruhiges, aber dennoch fleißiges Pferd als Begleitung mit zu haben, das einem jungen Pferd Sicherheit und Freude am Geländeritt vermitteln kann. Beim Üben in einem Geschicklichkeitsparcours kann ein „alter Hase" mit gutem Beispiel vorangehen.

Es gibt auch Pferde, die in der Bahn freudiger gehen, wenn sie nicht alleine ihre Runden drehen.

## TRAINING

Ein wichtiger Aspekt in der Ausbildung ist die abwechslungsreiche Gestaltung des Trainings. Bei monotonen Trainingsabläufen entsteht schnell Langeweile und damit verbunden schlechtere Konzentration. Es ist durchaus sinnvoll, die Wahl der Lektionen den Bedürfnissen des Pferdes anzupassen. Hatte das Pferd wenig Bewegung in letzter Zeit, wäre eine Longiereinheit günstig. Ist das Pferd in der Bahn etwas gelangweilt, sollte man Abwechslung bei einem Ausritt suchen. Möchte man das Verhältnis zum Pferd und dessen Konzentration verbessern, ist Bodenarbeit mit einigen Zirkuslektionen angesagt.

Auf die Zusammenstellung eines sinnvollen Trainingsplans wird im Buch später noch eingegangen.

Der Araber Lucky wurde erst mit 21 Jahren eingefahren und hatte noch großen Spaß daran.

## GESUNDHEIT UND ALTER

Es versteht sich von selbst, dass ein Pferd gesund sein muss, um motiviert mitarbeiten zu können. Trotzdem kann es Situationen geben, in denen es sinnvoll ist, mit dem kranken Pferd zu trainieren. Mit kleinen Erfolgserlebnissen kann das Pferd von seinen körperlichen Beschwerden abgelenkt werden.

Hat ein Pferd Probleme mit dem Atmungsapparat, soll sich aber trotzdem bewegen, darf dies nicht zur Erschöpfung führen. Das Traben über Stangen oder Anhalten und erneutes Antraben mit viel Lob muntern das Pferd auf und machen mehr Spaß als eintöniges Abtraben, damit das Pferd abhustet.

Hat das Pferd Beschwerden im Bewegungsapparat, die durch Bewegung besser werden, muss es sorgfältig aufgewärmt werden. Abwechslungsreiche Bahnfiguren sind nicht so langweilig wie viele Runden auf der ganzen Bahn. Das Aufwärmen ist besonders auch für alte Pferde wichtig.

Kann ein Pferd aufgrund seines Alters etwas nicht mehr, mit dem es früher häufig beschäftigt war, kann man versuchen, ihm einen Ersatz zu bieten. Man stellt es vor neue Aufgaben, damit es sich nicht abgeschoben fühlt und resigniert. Das mag etwas vermenschlicht klingen, aber nicht selten wurde mir von solchen Reaktionen berichtet. Ich selbst habe erlebt, mit welchem Eifer mein Araber Lucky mitmachte, als er im Alter von 21 Jahren eingefahren wurde. Das wäre auch eine Idee für ein ausrangiertes Distanzpferd, das im Gelände schon vieles kennt, mit dem Distanztraining aber überfordert ist.

## KONDITION

Ein Pferd kann immer nur so viel leisten, wie es seine Kondition zulässt. Das kann sich sowohl auf die physische als auch auf die psychische Kondition beziehen. Dass ein körperlich ermüdetes Pferd nicht zu Glanzleistungen in der Lage ist, liegt auf der Hand. Aber auch längeres konzentriertes Mitarbeiten kann in gewissem Rahmen trainiert werden.

### DER AUSBILDER

Die Stimmung des Ausbilders färbt erheblich auf das Pferd ab. Geht er schon lustlos und genervt an die Sache heran, sind das ungünstige Voraussetzungen für eine freudige Mitarbeit des Pferdes. Für einen solchen Tag sollte man sich besonders einfache Übungen aussuchen. Mit einem geländesicheren Pferd wäre ein entspannender Ausritt eine gute Lösung. Ist das Pferd dafür noch zu jung, wählt man statt Bodenarbeit, bei der optimale Konzentration nötig ist, lieber einen Spaziergang.

Der Gedanke, dass eine bestimmte Übung an diesem Tag unbedingt funktionieren muss, wirkt häufig blockierend. Aber auch das Gefühl, dass etwas sowieso nicht klappen würde, mindert die Erfolgsaussichten.

Man mag an Telepathie glauben oder nicht, aber ich bin überzeugt, dass das Denken von Bildern einer gut gelungenen Lektion zu ihrem tatsächlichen Gelingen beiträgt. Das kann zum Teil daran liegen, dass der Mensch eine andere Haltung einnimmt. Unbewusst werden Muskeln angespannt und dadurch schon Hilfen gegeben. Vielleicht steckt aber auch tatsächlich eine Art Gedankenübertragung dahinter. Eine positive Ausstrahlung kann das Pferd zu besonderen Leistungen beflügeln. Wer hat nicht schon einmal erlebt, gerade etwas gedacht zu haben, und schon führt das Pferd es aus?

## Warum Motivation?

Erinnern wir uns an das anfangs Gesagte über Motivation: Wenn wir von Motivation sprechen, ist die Motivation gemeint, die von innen kommt und positive Auswirkungen hat. Wenn das Pferd weiß, dass es für diese Übung eine Belohnung bekommt, wird es sie gerne anbieten. Es ist grundsätzlich motiviert, diese Übung auszuführen. Das ist wesentlich besser, als wenn das Pferd etwas aus Angst vor Strafe ausführt. Diese Variante widerspricht der Art, wie Pferde lernen.

Ich werde hier nicht tiefer in die Verhaltenslehre eindringen, sondern gehe davon aus, dass wir alle Lernen durch positive Verstärkung für das beste Prinzip halten.

Mit einem Pferd, das nicht motiviert ist, lässt sich sehr schwer arbeiten und es lernt nur sehr eingeschränkt. An dieser Situation muss also grundsätzlich etwas verändert werden. Wir müssen Möglichkeiten finden, die das Pferd zum Mitmachen motivieren.

### VORAUSSETZUNGEN FÜR OPTIMALE MOTIVATION

Abgesehen von der jeweils momentanen Situation gibt es generelle Bedingungen, unter denen motiviertes Mitmachen von einem Pferd zu erwarten ist. Dazu gehört der kompetente Umgang mit dem Tier, geeignetes Zubehör und der entsprechende Ausbildungsstand.

## LOB IST DAS A UND O

Grundwissen über die Prinzipien des Lernens ist sehr hilfreich für die harmonische Zusammenarbeit mit dem Pferd.

Wenn man einem Pferd etwas beibringen möchte, sollte man sich ein paar Gedanken darüber machen, wie es etwas Neues lernt, wie es verstehen kann, was man von ihm verlangt. Wichtig ist eine eindeutige Sprache dem Pferd gegenüber. Ein bestimmtes Wort, beispielsweise „gut" oder „brav", sollte immer benutzt werden, wenn das Pferd etwas richtig macht. Bei dem teilweise sehr effektiven Clickertraining wird dieses Wort durch das Klickgeräusch ersetzt, das den Vorteil hat, dass es immer gleich klingt und dadurch unabhängig von den Launen des Ausbilders ist. Einem Bestätigungswort oder dem „Click" folgt dann immer eine Belohnung. Den Klang dieses Wortes verbindet das Pferd dann immer mit etwas Positivem. Die Motivation steigt, je sicherer das Pferd weiß, wann es belohnt wird. Ein Leckerli wirkt besonders stark, es kann aber auch ein Streicheln oder eine andere freundliche Geste genügen. Wichtig ist, dass das Pferd genau weiß, wann es etwas richtig gemacht hat.

Ein weiteres wichtiges Motto in der Ausbildung lautet „Immer aufhören, wenn es am schönsten ist". Jeder kennt wahrscheinlich folgende Situation: Eine Lektion hat so gut geklappt wie noch nie. Begeistert möchte man die Lektion wiederholen, aber es gelingt nur etwas schlechter. Nun wird so lange probiert, bis es fast gar nicht mehr funktioniert. Frustriert gibt man auf, und das Pferd wird jetzt nicht einmal gelobt. Der Lernerfolg ist für das Pferd gleich null. Es ist nur zu hoffen, dass man wenigstens selber etwas daraus gelernt hat.

Belohnungen im richtigen Augenblick sind die beste Motivation.

Sinnvoll ist das Stecken von Teilzielen. Wurde das Teilziel an diesem Tag erreicht, wird gelobt und mit etwas anderem weitergemacht oder ganz aufgehört. Vor jeder Lektion überlege ich mir, wie gut sie mir heute nach dem Aus-

Eine helle, freundliche Umgebung schafft für Mensch und Pferd eine angenehme Lernatmosphäre. Mit einer leichten Peitsche, die einen langen Schlag hat, lässt sich gut hantieren.

bildungsstand meines Pferdes gelingen könnte. So weiß man, wann man zufrieden sein und sein Pferd loben kann.

Über dieses grundsätzliche Verständnis hinaus braucht der Ausbilder selbstverständlich das entsprechende Knowhow für jede einzelne Lektion.

## GUTE BEDINGUNGEN

Jede Art der Beschäftigung mit dem Pferd erfordert eine bestimmte Ausrüstung. Sie sollte zweckmäßig, sicher und gut passend sein. Auch die Rahmenbedingungen müssen günstig sein. Kein Pferd kann locker und gut ausbalanciert auf einem unebenen und glitschigen Reitplatz dahinschweben. Für junge Pferde wiederum ist es besonders schwierig, sich zu konzentrieren. Wenn dann auch noch Pferde auf der Nachbarweide toben, wird es vielleicht sogar unmöglich, mit dem geplanten Programm fortzufahren. Es kommt jetzt darauf an, den goldenen Mittelweg zwischen zu viel Nachgiebigkeit und dem unnötigen Schwermachen des Lebens zu finden.

Ein drückender Sattel wird das Pferd bei dem willigen Befolgen der Hilfen extrem stören. Das Benutzen einer Gerte ist manchmal dem ständigen und dadurch abstumpfenden Einsatz des Schenkels vorzuziehen. Eine Führkette kann

Langweilt sich ein Pferd, beginnt es sich selbst zu beschäftigen. So kann durchaus einmal ein Kunststück entstehen.

freche Pferde, die gelernt haben, ihre Kraft gegen den Menschen einzusetzen, deutlich in ihre Schranken verweisen. Wenn sie dann wissen, wer das Sagen hat, sind sie zufriedener als in einer ständigen Machtkampfsituation. Eine Longierpeitsche, die nicht lang genug ist, um das Pferd leicht berühren zu können, bringt den Longeur dazu, wenig souverän zu fuchteln und zu hampeln.

So können manch einfache, aber passende Ausrüstungsgegenstände den Umgang mit dem Pferd effektiv erleichtern und verbessern.

## AUSBILDUNG

Eigentlich sollte es sich von selbst verstehen, dass das Verlangte dem Ausbildungsstand des Pferdes entsprechen muss. Ich erwähne es aber trotzdem, da es leider nicht immer so ist. Besonders wenn unter Zeitdruck gearbeitet wird, kann es zu Überforderungen kommen. Pferde lernen verschieden schnell. Dem verantwortungsbewussten und erfahrenen Ausbilder gelingt es, sich dem individuellen Lerntempo seines Schülers anzupassen.

Besonders lernwillige und eifrige Pferde können schnell überfordert werden, da sie von sich aus schon zu viel anbieten. Wenn dann plötzlich nichts mehr klappt, muss in der Ausbildung wieder ein Schritt zurückgegangen werden.

Genauso kann es sich negativ auswirken, wenn das Pferd ständig unterfordert ist. Es lässt sich dann selbst etwas einfallen, was nicht immer gut sein muss. So entstehen viele Probleme und Unarten.

Wichtig ist, dass man bei der Ausbildung eines Pferdes nie unter Zeitdruck arbeiten muss. Dies ist ein Problem, das man häufig bei der Ausbildung von Verkaufspferden findet.

Eine fundierte Ausbildung mit langsam wachsenden Anforderungen hat ein zufriedenes Pferd zum Ergebnis, mit dem man harmonisch umgehen kann. Dabei spielt es keine Rolle, in welchem Reitstil das Pferd ausgebildet wird. Dieses Ziel sollten alle gemeinsam haben.

## Was kann schief gehen?

Pferdeausbildung ist eine schwierige Angelegenheit, die viel Erfahrung und Einfühlungsvermögen erfordert. Nicht umsonst geben viele Pferdebesitzer ihren Liebling in die Hände eines Profis, damit er dort richtig viel lernt. Aber Vorsicht – Profis sind auch Menschen. Nicht jeder Trainer kann mit jedem Pferdetyp gut umgehen. Nicht auf jedes Pferd lässt sich genau die gleiche Methode anwenden. Individuelles Vorgehen ist unbedingt erforderlich. Nur wer genug Talent, Wissen und Erfahrung hat, kann den richtigen Weg erkennen. Ein Pferdebesitzer, der sein Pferd wirklich gut kennt, kann in einigen Fällen sogar besser entscheiden. Auf alle Fälle ist es wichtig, die Ausbildung seines Pferdes bei einem Trainer aktiv zu begleiten. Es nützt wenig, wenn das Pferd etwas lernt, das danach keiner nachreiten kann. Hier erkennt man auch deutliche Unterschiede bei den Trainern. Einem Ausbilder, der nicht gestattet, jederzeit bei seiner Arbeit zuzusehen, sollte man sein Pferd besser nicht anvertrauen.

Unabhängig davon, welche Ausbildungsmethode gewählt wird, können einige Fehler passieren, die die freiwillige Mitarbeit des Pferdes hemmen. Sowohl Über- als Unterforderung schaden dem Lerneifer des Pferdes. Das zumutbare Arbeitspensum hängt stark von dem Pferdetyp ab. Das eine Pferd braucht mehr körperliche Arbeit, damit es zufrieden und ausgeglichen ist, ein anderes will gerne viel Abwechslung und wird besser, je mehr es nachdenken muss.

Ist ein Pferd überfordert, bringt es häufig verschiedene Lektionen durcheinander. Besonders bei sehr eifrigen Pferden kann das passieren. Sie wollen es dem Ausbilder recht machen und bieten alles an, was sie können, wenn sie nicht genau wissen, was eigentlich verlangt wird. Ein eher langsam lernendes Pferd würde in dem Fall gar nichts mehr machen. Die gleiche Ursache, nämlich Überforderung, kann also ganz verschiedene Auswirkungen haben.

Bei Unterforderung beginnt das eifrige, schnell lernende Pferd sich zu langweilen und wird unaufmerksam oder gewöhnt sich Unarten an. Das eher etwas träge Pferd wird bei Unterforderung noch undynamischer und verfällt in eine abwesende Grundhaltung.

Hat ein Pferd eine Zeit lang viel Neues lernen müssen, weil es zum Beispiel eingeritten wurde oder zum Beritt war, tut es ihm gut, wenn es einige Wochen eine Art Pause bekommt. Das heißt nicht, dass es in der Zeit gar nichts erleben soll, Spaziergänge oder Ausritte sollten dann auf dem Programm stehen. Danach wird es umso freudiger wieder an die Arbeit gehen. Pferde vergessen so schnell nichts. Leider gilt das nicht nur für positive, sondern auch für negative Erfahrungen.

## Verschiedene Pferdetypen

Die Beschreibung verschiedener Pferdetypen dient dem besseren Verständnis, wie dieses Pferd lernen kann und wie es folglich zu motivieren ist. Die Charakterisierungen sind jeweils besonders deutlich dargestellt. Zwischenformen und Kombinationen sind möglich. Sicherlich wird jeder Leser einige Charakterzüge seines eigenen Pferdes wiedererkennen.

### DER SCHNELLE LERNER

Es gibt Pferde, die eine schnelle Auffassungsgabe haben. Sie können sich leicht auf neue

Situationen einstellen und lernen neue Lektionen gerne und schnell. Verlangt man von ihnen nichts Neues, langweilen sie sich leider auch genauso schnell. Man sollte ihnen auf keinen Fall jeden Tag das gleiche Programm bieten. Die verschiedenen Disziplinen werden am besten im lockeren Wechsel angeboten. Wenn sich Bahnarbeit mit Geländeritten, Longieren und Bodenarbeit abwechselt, erzielt man die besten Ergebnisse. Auch innerhalb der Disziplinen sollten die Lektionen nicht immer in der gleichen Reihenfolge angeordnet werden. Sonst kommt es zu Schwierigkeiten durch das Vorgreifen des Pferdes, weil es schon weiß, was als Nächstes passiert. So etwas darf aber nicht bestraft werden, zeigt es doch nur die Bereitschaft des Pferdes zur Mitarbeit.

Ein weiteres Problem kann es werden, dass Fehler des Reiters nicht verziehen, sondern schnell umgesetzt werden. Falsches wird ebenso leicht erlernt wie das gewünschte Verhalten.

Für erfahrene Trainer sind diese Pferde eine interessante Aufgabe. Das Ausbilden macht Spaß, weil man nach kurzer Zeit bereits Ergebnisse sehen kann.

## DER LANGSAME LERNER

Auf diese Pferde trifft die Aussage: „Pferde sind Gewohnheitstiere“ in besonderem Maße zu. Zuviel Abwechslung würde so ein Pferd verwirren. Es fühlt sich wohl in ihm bekannten Situationen und Aufgaben. Neue Lektionen werden langsam erlernt. Es kann eine ganze Weile dauern, bis es endlich „Klick“ macht und das Pferd versteht, was man von ihm erwartet. Da gilt es,

Geduld zu haben und Ruhe zu bewahren. Im ersten Moment wirken diesen Pferde sehr unkooperativ, was aber daran liegt, dass sie die neue Aufgabe noch nicht erfasst haben. Sie lassen sich nicht so leicht auf etwas Neues ein und versuchen lieber in den gewohnten Bahnen weiterzulaufen. Neue Aufgaben verunsichern sie. So ein Pferd lernt am besten eine Lektion nach der anderen und nicht mehrere gleichzeitig.

Man darf ein langsam lernendes Pferd nicht an einem schnell lernenden messen. Besonders schwer fällt häufig der Wechsel von einem erfahrenen Pferd mit schneller Auffassungsgabe auf ein junges Pferd, das langsam lernt.

Der langsame Lerner hat auch seine Vorteile. Kleine Fehler nimmt er nicht übel. Sitzt eine Lektion, lässt sie sich zuverlässig abrufen.

Diese Pferde sind gut für so genannte Anfänger im Umgang mit Pferden geeignet. Korrekturen durch erfahrene Reiter sind nur hin und wieder nötig.

## SENSIBEL

Ein sensibles Pferd reagiert bereits auf schwache Reize. Das kann sich auf verschiedene Bereiche beziehen.

In seiner Umwelt nimmt es kleine Veränderungen wahr. Steht ein fremdes Pferd mit auf der Nachbarweide, ist der Pferdetransporter an anderer Stelle geparkt oder das Trinkgefäß ein anderes, alles wird registriert und auch kommentiert.

Sensibilität kann sich auch auf die Gesundheit beziehen. Futterumstellungen oder Wechsel im Tagesablauf führen leicht zu Verdauungsstörungen. Die Haut kann besonders empfindlich auf Insekten, Sonne oder Reibung reagieren. Beim Reiten reagiert das Pferd auf ganz geringe Hilfen. Man braucht keinen Schenkeldruck, allein leichtes Vibrieren führt zum Erfolg. Die Zügel müssen vorsichtig eingesetzt werden. Eine unruhige Hand wird nicht toleriert. Leise Stimmhilfen werden gut wahrgenommen. Lautes Ansprechen dagegen verunsichert so ein Pferd. Allgemein meint man mit „sensibel“ meist das gesamte Verhalten des Pferdes. Solche Pferde erfordern einen einfühlsamen und bedachten Umgang, damit keine Probleme entstehen.

Für den einen ist so ein sensibles Pferd ein Traum, für den anderen ein Alptraum.

## RUHIG

Ein Pferd mit einer gewissen inneren Ruhe kann in vielen Situationen hilfreich sein. „Ruhig“ ist nicht gleichzusetzen mit „träge“ oder „stumpf“, sondern bedeutet eine innere Gelassenheit. So ein Pferd wird in schwierigen Situationen nicht gleich hektisch. Es beweist gute Nerven in ungewohnten Situationen, kann aber bei entsprechenden Anforderungen durchaus temperamentvoll werden. Die Ruhe eines Pferdes ist zum Teil von äußeren Einflüssen abhängig. Die Menge der Bewegung, das Futter und die Art des Umgangs spielen dabei eine große Rolle. Trotzdem können zwei Pferde bei den gleichen äußeren Umständen sehr unterschiedlich ruhig sein. Häufig wird das als „viel“ oder „wenig Temperament“ bezeichnet.

Pferde mit weniger Temperament sind meist einfacher zu handhaben. Pferde mit mehr Temperament sind oft leistungsbereiter. Da muss jeder selbst entscheiden, was besser zu ihm passt.

## STUR

Bei dem Begriff „stur“ muss man aufpassen, dass man ihn nicht fälschlicherweise anwendet, wenn das Pferd einen nicht versteht, weil man sich unklar ausgedrückt hat. Das eigene Verhalten kann Ursache für die vermeintliche Sturheit des Pferdes sein. Es gibt aber auch Pferde, welche die Bezeichnung stur durchaus verdienen. Sie hören Kommandos lieber zwei- als einmal, obwohl man davon ausgehen kann, dass sie wissen, was gemeint ist. Bestimmte Grenzen testen sie immer wieder auf's Neue aus. Sie fragen beispielsweise jedes Mal, wenn sie zurückgehen sollen, ob es wirklich ernst gemeint ist. Sollen sie am Anbinder zur Seite weichen, reicht nicht ein Wort und ein Fingerzeig, obwohl es schon hundertmal die gleiche Situation gab. Vor dem Anhänger bleiben sie immer wieder stehen und gehen erst nach einigen Versuchen hinein. Es ließen sich noch viele dieser Beispiele aufzählen, aber jeder weiß jetzt, was gemeint ist.

An dieser Sturheit könnte man hin und wieder fast verzweifeln. Immer wieder ist es eine Herausforderung, konsequent durchzugreifen, ohne dabei ungerecht zu werden. Hier sind Selbstdisziplin und Geduld sowie Wissen nötig, damit das Pferd am Ende doch das macht, was es sollte.

## HEKTISCH

Als hektisch bezeichne ich ein Pferd, wenn es häufig überreagiert. Seine Bewegungen sind schnell und heftig. Hängt es irgendwo fest, reißt es ohne Rücksicht auf Verluste, bis es wieder frei ist. Eine Eigenschaft, die zwar schon in der Natur des Pferdes liegt, die aber stärker und schwächer ausgeprägt sein kann.

Hektische Pferde sind meist sehr unsicher und nicht gern allein. Unter ihnen wird man häufig so genannte Kleber finden. Sobald sich der begleitende Artgenosse entfernt, hampeln sie herum und fangen an zu wiehern. Neue Hindernisse werden schnell genommen. Während ein stures Pferd beispielsweise vor einer unheimlichen Plastikplane steht und sich nicht mehr rührt, wird das hektische hin und her drängeln und dann mit einem großen Satz darüberspringen.

Erschreckt sich so ein Pferd vor einem Geräusch oder einer Bewegung hinter sich, rennt es ohne nachzudenken nach vorne davon. Ein anderes Pferd hätte vielleicht einen Blick nach hinten riskiert. Viele instinktive Verhaltensweisen sind also besonders stark ausgeprägt. Leider passen sie nicht immer in den heutigen Pferdealltag.

Bei zu hohen Anforderungen in der Ausbildung kann es auch zu Hektik kommen, wodurch Fehler entstehen und das Lernen behindert wird. Der Ausbilder muss Ruhe bewahren und seine Anforderungen zurücknehmen, sonst wird alles nur noch schlimmer.

## UNERFAHREN

Mit „unerfahren“ ist mehr ein Zustand als eine Charaktereigenschaft gemeint. Ein unerfahrenes Pferd ist meist noch jung, kann aber auch älter sein und bis jetzt sehr wenig erlebt haben. Oft haben Pferde, die bei einem Züchter in der Herde groß geworden sind, wenig erlebt in Bezug auf die menschliche Zivilisation. Dafür haben sie den Vorteil, gut mit anderen Pferden auszukommen, da sie ausreichend sozialisiert wurden. Das ist auf jeden Fall wichtiger, weil es sich nicht in jedem beliebigen Alter nachholen lässt. Schade ist nur, wenn sie den Menschen immer im Zusammenhang mit unangenehmen Ereignissen näher kennen gelernt haben, wie zum Bespiel bei der Trennung von der Mutter, tierärztlichen Behandlungen oder Hufpflege im Hauruckverfahren. Schön wäre, wenn sich der Aufzüchter auch ein klein wenig Zeit genommen hat, sich mit seinen Pferden in Ruhe freundlich zu beschäftigen.

Bei Pferden, die nur mit ihrer Mutter und vielleicht einem „guten Onkel“ aufgewachsen sind, kommt es häufig zu großen Problemen. Sie wollen sich nicht unterordnen, weder gegenüber anderen Pferden noch gegenüber dem Menschen. Immer wieder stellen sie die Rangordnung in Frage. Dadurch sind sie nicht nur frech, sondern auch in vielen Situationen unsicher, obwohl sie den Menschen von Kindesbeinen an gut kennen.

Viele Pferde haben einfach sehr wenig erlebt. Sie waren fast nie von zu Hause weg, kennen wenig fremde Pferde und gehen auf keine Veranstaltungen. Jede außergewöhnliche Aktion ist für sie ein völlig neues Erlebnis.

# ÄNGSTLICH

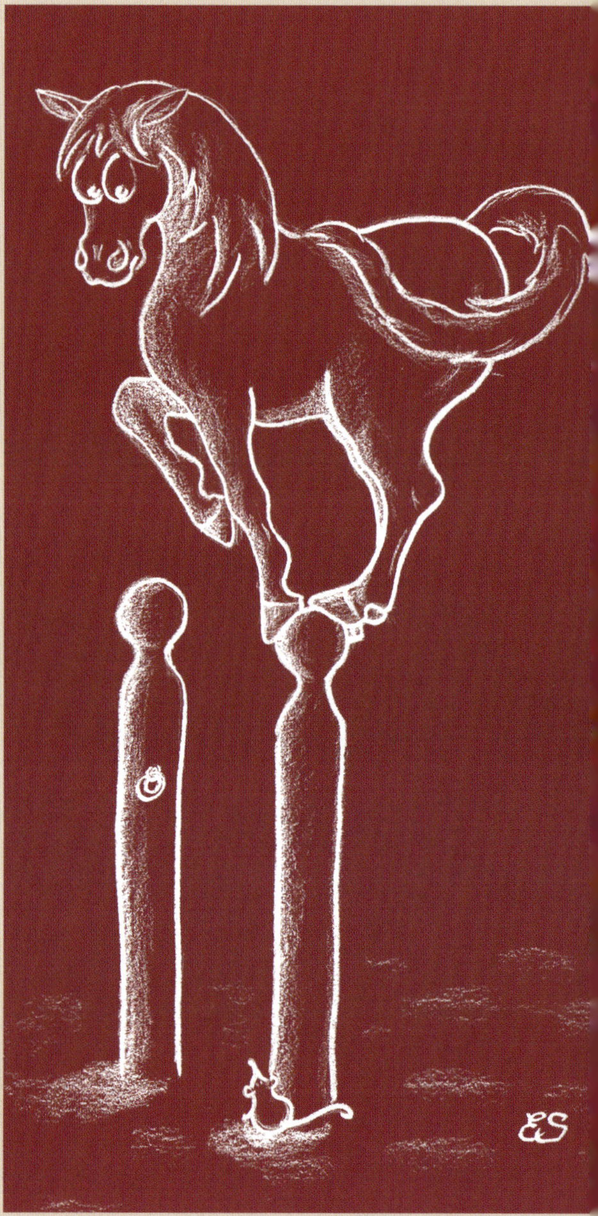

Es gibt von Natur aus ängstliche und mutige Pferde. Dementsprechend haben sie in einer Herde verschiedene Positionen. Beim Umgang mit einem ängstlichen Pferd kann es leicht zu gefährlichen Situationen kommen. Bei einer Reaktion aus Angst überlegt das Pferd nicht erst, ob dadurch irgendjemand zu Schaden kommt.

Für ein ängstliches Pferd ist es besonders wichtig, dass es seinem Menschen vertrauen kann und ihn als Führungsperson anerkennt. Das gibt ihm Sicherheit und Ruhe.

Um die richtige Gegenmaßnahme zu ergreifen, ist es sehr wichtig, unterscheiden zu können, ob ein Pferd etwas aus Angst oder aus Unwillen nicht tut. Gute Beobachtungsgabe, Wissen um das Verhalten und Erfahrung mit verschiedenen Pferden sind dabei hilfreich. Wenn Angst mit im Spiel ist, lässt es sich schlecht lernen. Es ist darum immer wichtig, dem Pferd erst die Angst zu nehmen, bevor an der eigentlichen Lektion weiter geübt wird.

Pferde haben ein feines Gespür für die Emotionen des Menschen. Besonders Angst des Menschen überträgt sich stark auf das Pferd, und es entsteht ein Teufelskreis. Nun kann man leider nicht einfach sagen „Schluss jetzt mit der Angst“. Zu diesem Thema gibt es ganze Seminare. Auf jeden Fall sollte man versuchen, die Angst erzeugenden Situationen immer wieder durch Übungen zu entspannen, in denen sich alle sicher fühlen.

Ein verbreitetes Phänomen ist das Beruhigen eines Pferdes, das gar nicht verängstigt ist, wenn es zum Beispiel eine Spritze bekommen soll. Erst am Tonfall des Besitzers merkt das Pferd, dass etwas im Busch ist, und wird unruhig. Besser wäre, man spricht ganz normal mit dem Pferd und macht kein großes Aufheben um die Aktion.

## NEUGIERIG

Es gibt Pferde, die von Natur aus neugieriger sind als andere. Steht etwas Unbekanntes im Auslauf, zum Beispiel eine neue Raufe, sind sie als Erste dort, um alles zu untersuchen. Im Gelände erschrecken sie nur kurz und wollen dann den gruseligen Gegenstand, sei es eine Plane oder ein Baumstumpf, gerne anschauen und beschnüffeln.

Steht ein Eimer in erreichbarer Nähe, wird er herangezogen und angehoben. Diese Pferde haben den Nachteil, dass man nichts unbeaufsichtigt in ihrer Nähe lassen darf. Eine Decke über ihrer Boxenwand hängen zu lassen wäre ein Fehler. Sie könnte in Streifen gerissen werden. Neugierige Pferde haben aber auch viele Vorteile: Braucht man im Gelände ein Pferd, das vorgeht, weil keines sich über die Brücke traut, dann sind sie gefragt. Diese Neugier kann auch der Antrieb für das Erlernen verschiedener Kunststücke sein, wie beispielsweise das Apportieren.

## VERDORBEN

Von verdorbenen Pferden spricht man, wenn sie sich durch menschliche Einwirkung verursacht problematische Verhaltensweisen angewöhnt haben. Kein Pferd kommt verdorben auf die Welt. Es kann aber sein, dass ein Pferd von Geburt an einen ungewöhnlichen Charakter hat, der den Umgang mit ihm erschwert.

Verdorbene Pferde lassen sich oft mit viel Liebe und Wissen korrigieren. Viele Menschen stellen sich gerne dieser Herausforderung. Manchmal muss man allerdings rechtzeitig einsehen, dass man in einem Fall überfordert ist, bevor es zu unberechenbaren und gefährlichen Situationen kommt. Eine Entscheidung, die auch dem verantwortungsvollen Pferdefreund nie leicht fällt.

# Die Disziplinen

Als Disziplinen werden nachfolgend die verschiedenen Möglichkeiten bezeichnet, wie man sich mit einem Pferd beschäftigen kann. Die Auswirkungen der jeweiligen Disziplinen auf die Verfassung des Pferdes werden aufgezeigt. Probleme, die durch mangelnde Motivation entstehen, werden beschrieben und Lösungsmöglichkeiten geboten. Dabei wird auszugsweise auf einzelne Lektionen oder Techniken eingegangen, man darf aber keine komplette Reitlehre oder allgemeine Anleitungen zu Zirkuslektionen erwarten. Jedes Thema einzeln hat bereits ganze Bücher gefüllt.

Sieht man die Disziplinen einmal so aufgezählt, erkennt man gut, wie viele Varianten es gibt, um das Training abwechslungsreich zu gestalten.

Übungen wie das Erklimmen eines Podests verbessern die Zusammenarbeit ...

# Bodenarbeit

## DEFINITION

Allgemein wird es als Bodenarbeit bezeichnet, wenn man etwas vom Boden aus mit dem Pferd übt. Dabei kann es sich um verschiedene Führübungen und gymnastizierende Lektionen an der Hand handeln. Davon abzugrenzen sind die Zirkuslektionen und die klassische Arbeit an der Hand.

## WIRKUNG

Bodenarbeit hat sowohl auf den Körper als auch auf den Geist des Pferdes einen positiven Effekt. Die verschiedenen Übungen gymnastizieren das Pferd und verbessern sein Gleichgewicht und Körpergefühl.

Durch die andere Form der Ansprache, im Gegensatz zum Reiten, werden die Pferde wacher und können einen ganz neuen Lerneifer entwickeln. Haben sie ein paar Lektionen nach einem bestimmten Muster gelernt, begrei-

... und trainieren das Körpergefühl des Pferdes.

fen sie neue Aufgaben immer schneller. Ein häufig wiederholtes Wort wird schnell als Kommando erkannt, auf die Körpersprache des Menschen wird zunehmend feiner reagiert. Entscheidend ist es, stets im richtigen Moment eindeutig zu loben, damit das Pferd weiß, dass es auf dem richtigen Weg ist - dasselbe Prinzip, auf dem das Clicker-Training beruht.

Eine gelungene Kombination von Respekt und Vertrauen macht den Menschen zu einem Leittier, dem gerne gefolgt wird. Das Pferd soll sich bei ihm sicher fühlen, damit es sich auch in schwierigen, beängstigenden Situationen auf ihn verlässt. Was bei der Bodenarbeit geübt wird, kann im Geschicklichkeitsparcours, auch Trail genannt, beim Überwinden von Hindernissen angewandt werden.

## PROBLEME UND LÖSUNGEN

1. Das Pferd ist unkonzentriert. Es schaut in alle Richtungen, nur nicht zum Ausbilder.

Der Ausbilder muss versuchen von der reagierenden in die agierende Position zu kommen,

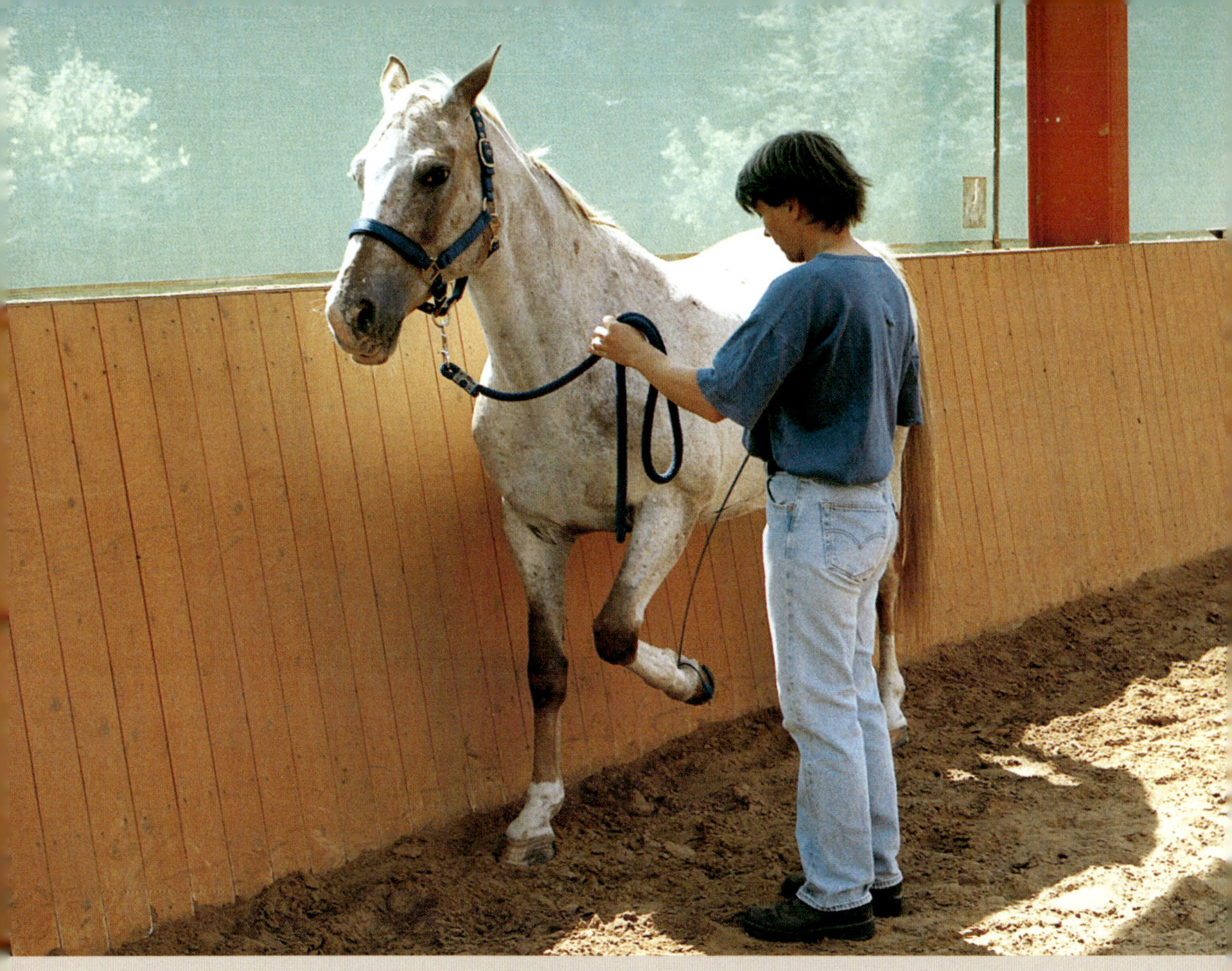

Bei dieser Übung lernen Pferde ohne Angst auf Touchierhilfen zu reagieren.

das heißt, er gibt das Programm vor. Noch bevor das Pferd wegschaut, sollte er ihm eine Aufgabe stellen, wie beispielsweise einige Schritte rückwärts zu gehen. Reagiert das Pferd wie gewünscht, muss es bestätigt werden, indem es mit der Stimme gelobt wird. Reagiert es nicht, weil es unaufmerksam ist, sollte ihm die Situation unangenehm gemacht werden. Unangenehm ist das Rucken am Halfter. Erst wenn einen das Pferd wieder anschaut, gibt man die Hilfen zum Rückwärtsgehen. Der Ausbilder darf also nicht abwarten, ob das Pferd irgendwann gewillt ist aufzupassen, er muss diese Aufmerksamkeit aktiv einfordern. Häufiges Anhalten und Antreten sowie das Verändern des Tempos fordern die Aufmerksamkeit des Pferdes. Dabei kommt es auf das präzise Befolgen der Kommandos an. Nur dann tritt der gewünschte Effekt ein. Hält das Pferd erst drei Meter, nachdem man seine Hilfen gegeben hat, bringt das nichts. Man sollte das Gefühl haben, das Pferd warte geradezu auf eine neue Anweisung.

Eine weitere Übung, die das Pferd bei der Bodenarbeit aufmerksamer macht, sieht folgendermaßen aus: Das Pferd steht und soll seine Beine einzeln anheben, wenn sie mit einer Gerte angetippt werden. So muss sich das Pferd konzentrieren, um jeweils das richtige Bein zu heben. Tut es das, wird es deutlich gelobt. Als Voraussetzung sollte das ruhige Stehen kein Problem mehr sein. So ganz nebenbei hat diese Übung schon vielen Pferden die Angst vor der Gerte genommen, sofern sie diese hatten.

2. Das Pferd ist teilnahmslos und reagiert auch bei Ansprache wenig.

Es macht zwar keine Fehler, wirkt aber lustlos. In so einem Fall wurde möglicherweise mit Lob und Belohnung zu sparsam umgegangen. Ihm fehlt das Erfolgserlebnis, wenn es eine Übung gut ausgeführt hat. Das Pferd ist zwar gut erzogen, es sieht aber keinen Sinn darin, sich besondere Mühe zu geben. Auch ein zu eintöniges Programm oder zu langes Üben können der Grund für so ein Verhalten sein. Kurze Übungseinheiten in abwechslungsreicher Reihenfolge verbessern die Situation. Sobald zu erkennen ist, dass das Pferd sich Mühe gibt und mitmacht, sollte es gelobt werden.

3. Das Pferd ist aggressiv gegen den Menschen. Es legt die Ohren an, beißt oder tritt sogar.

Diesem Verhalten geht meist eine schlechte Behandlung durch den Menschen voraus. Oft ist die Vergangenheit solch eines Pferdes unbekannt und man kann nur vermuten, was es zuvor erlebt hat. Jeder muss sich gut überlegen, ob er sich die Korrektur zutraut oder ob er zusätzlich den Rat eines Fachmanns benötigt.

Zunächst sollte man unterscheiden, ob das Pferd aus Angst oder aus antrainiertem Ungehorsam in einer bestimmten Weise handelt. Ist das Pferd ängstlich, braucht es besonders viel Zuspruch und sanfte Korrektur. Ist es ungehorsam und aufsässig, weil es nie in seine Grenzen verwiesen wurde, steht es in einem ständigen Rangordnungskampf mit dem Menschen. Dieser Zustand stresst das Pferd und macht es unzufrieden und unter Umständen auch aggressiv. Hier hilft es, dem Pferd eindeutig seine Grenzen zu zeigen. Will es einen beispielsweise beim Schulterherein umrennen, kann man sich mit einer Führkette Respekt verschaffen. Da Pferde stärker sind als Menschen, dürfen sie nicht zum Einsatz ihrer Kraft kommen, sonst gewinnen sie. Wenn sie nicht gewinnen, sind sie nicht etwa traurig, sondern häufig froh, endlich die Verantwortung abgeben zu können und sich entspannen zu dürfen. Mit gesenktem Kopf gehen diese Pferde dann gelassen neben ihrem Ausbilder her, obwohl er sie noch kurz zuvor deutlich gemaßregelt hat. Wichtig ist, dann immer zu erkennen, wann das Pferd bereit ist einzulenken und auf den Ausbilder zu achten. Sofort muss der Ton wieder freundlich werden.

# Longe

## DEFINITION

Jeder hat eine klare Vorstellung davon, was er sich unter dem Begriff Longieren vorstellen soll. Ein Pferd läuft an einer langen Leine mehr oder weniger im Kreis um den Ausbilder herum.

Beim Longieren durch eine Gasse erkennt man, wie präzise die Zusammenarbeit funktioniert.

## WIRKUNG

An der Longe kann man dem Pferd gut Bewegung verschaffen, ohne es mit dem Reitergewicht zu belasten. Bei ungestümen Pferden hat das Longieren außerdem den Vorteil, dass man selber nicht in Gefahr kommt.

Junge Pferde gewöhnen sich daran, in einem vorgeschriebenen Tempo in eine vorgeschriebene Richtung zu laufen.

Durch geschicktes Longieren kann man erreichen, dass das Pferd an der Longe entspannt und mit lockerem Hals schwungvoll geht. So lernt es, unabhängig vom Gebiss in der gewünschten Dehnungshaltung zu gehen.

Weiterhin lernt das Pferd, Stimmkommandos zu beachten und zu befolgen.

Bei der Cavalettiarbeit wird das Pferd zusätzlich gymnastiziert und sein Bewusstsein für seine Beine verbessert.

Es ist auch möglich, bei einer Art Geschicklichkeitslongieren über Planen, Stangen und durch Gassen zu longieren. So lernt das Pferd Hindernisse zu bewältigen, ohne dass ein Mensch vorneweg geht. Für das Reiten und Fahren kann das sehr hilfreich sein.

## PROBLEME UND LÖSUNGEN

1. Das Pferd geht von alleine kaum vorwärts und lässt sich nur schwer treiben.

Dieser Zustand tritt nicht von heute auf morgen ein. Meist wurde schon seit einiger Zeit in jeder Gangart in einem zu niedrigem Tempo longiert. Zunächst ist die Ausrüstung zu überprüfen. Die Peitsche sollte einen so langen Schlag habe, dass man mit ihm das Pferd erreichen kann, um es leicht zu touchieren. Bei einfachen, aus Nylon geflochtenen Peitschen ist das meist nicht der Fall. Um das Pferd zu erreichen, muss der Ausbilder erst ein paar Schritte auf das Pferd zuspringen. Das Pferd weiß dann genau, was kommt und nimmt den Ausbilder nicht mehr ernst. Besser eignen sich Peitschen mit einem langen, gut schwingenden Lederschlag. Ohne viel Aufhebens lässt sich das Pferd leicht berühren, sodass, wenn nötig, einem Stimmkommando Nachdruck verliehen werden kann. Diese Berührung kann ganz leicht sein, es kommt nur darauf an, die Aufmerksamkeit des Pferdes einfordern zu können. Schon bald wird es schneller reagieren und williger vorwärtsgehen. Hat es seine innere Sperre aufgegeben, geht das Pferd lockerer und zufriedener.

2. Das Pferd reagiert aggressiv auf den Longeur und legt viel die Ohren an.

Bevor man an der Longe weiter übt, sollte man versuchen, das Verhältnis zum Pferd mittels Bodenarbeit zu verbessern. Dabei lässt sich klären, wie das Pferd auf die Gerte reagiert. Hat es Angst oder ignoriert es sie? Beides darf nicht sein, wenn es korrekt auf die Peitsche reagieren soll. Bei Angst kann außer dem Abstreifen mit der Gerte die bereits bei der Bodenarbeit beschriebene Übung mit dem Anheben der Beine helfen. Ignoriert das Pferd die Gerte, sollte das im Schulterherein behoben werden. Macht das Pferd gut mit, darf es auch mit einem Leckerli belohnt werden, damit es erkennt, dass der Mensch die gute Leistung anerkennt. Hat sich das Verhalten bei der Bodenarbeit gebessert, wird das Pferd wieder an die Longe genommen. Man beginnt mit einfachen Übungen, die aber konsequent durchgeführt werden müssen, wobei man nie das Lob an der richtigen Stelle vergessen darf.

3. Das Pferd hört nicht zu.

Möglicherweise langweilt sich das Pferd an der Longe. Wenn es ohne Abwechslung durch Richtungs- und Tempowechsel immer nur im Kreis läuft, gibt es wenig Anreiz, dem Ausbilder zuzuhören. Es gibt viele Möglichkeiten, das Longieren interessanter zu gestalten. Anhalten, rückwärts gehen und anschließend antraben ist eine Variante, die sich besonders auf etwas faule Pferde positiv auswirkt. Volten an der Longe eignen sich für jeden Pferdetyp, um das Zuhören zu verbessern. Außerdem ist es sinnvoll, das Pferd nicht immer auf dem gleichen Zirkel gehen zu lassen, sondern auch den Mittelzirkel mitzubenutzen, falls man auf einem Viereck longiert. An den langen Seiten kann man im Trab das Tempo verstärken.

Longieren muss also für Pferd und Mensch keinesfalls langweilig sein.

So ist es richtig – schwungvoller Trab in schön entspannter Haltung an der Doppellonge.

# Doppellonge

## DEFINITION

Ähnlich wie beim Longieren läuft das Pferd im Kreis, wird jetzt aber von zwei Longen, die durch einen Gurt laufen, am Kappzaum oder an einer Trense gelenkt.

## WIRKUNG

Bei der Arbeit mit der Doppellonge kommt es zu ähnlich positiven Effekten wie beim Üben mit nur einer Longe. Das Training ist der Ausbildung unter dem Sattel noch etwas näher, da das Pferd über zwei Zügel beziehungsweise Longen gelenkt werden kann. Man kann mehr auf die Biegung des Pferdes einwirken und gezielt innen oder außen annehmen.

Der Umgang mit der Doppellonge erfordert von dem Ausbilder ein gewisses Geschick und sollte erst begonnen werden, wenn ausreichend Übung mit einer Longe vorhanden ist. Fehler des Ausbilders gehen sonst immer auf Kosten der Feinfühligkeit des Pferdes.

Pferde mit viel Vorwärtsdrang können sich ungehinderter als mit Reiter bewegen, ohne dass es zu Verspannungen durch zu starkes Zurückhalten kommt.

Die Doppellongenarbeit wirkt sich aber auch besonders gut auf Pferde mit zu wenig Vorwärtsdrang aus. Man kann bei ihnen die Gehlust besser fördern, wenn sie kein Reitergewicht tragen müssen.

Im Maul empfindliche und verdorbene Pferde finden leichter wieder Vertrauen zum Gebiss, wenn kein Reiter in den bereits verspannten Rücken fällt.

## PROBLEME UND LÖSUNGEN

1. Das Pferd ist steif und lässt sich ungern biegen.

Um das Pferdemaul zu schonen, können einige Übungen an der Trense und mit Zügeln vorgeschaltet werden. Egal, ob das Pferd noch jung oder älter und schlecht ausgebildet ist, wäre es sinnvoll, ihm die Wirkung des Gebisses deutlich zu machen. Es muss verstehen können, dass ein Nachgeben seinerseits eine Verringerung des Druckes im Maul zur Folge hat. Das kann gut geübt werden, indem man neben dem Pferd steht und es durch das Spielen an einem Zügel dazu bringt, sich zu der Seite zu biegen. So gebogen erhält das Pferd ein Leckerli. Das Kauen lockert das Pferd zusätzlich. Wichtig dabei ist, dass das Pferd nicht in die Biegung gelockt wird, sondern zuerst auf den Zügel reagiert hat. Sonst dient die Übung zwar der Biegung an sich, aber nicht dem Nachgeben auf die Zügelhilfe. Das Pferd muss nie lange in dieser Biegung verweilen.

Liegt das Problem nicht im Maul, sondern an mangelndem Gleichgewicht des Pferdes, sollten zuerst Volten an der einzelnen Longe geübt werden. Hat das Pferd den Kopf frei, kann es feststellen, dass es leichter geht, wenn es sich in der Volte biegt. Um also nicht unnötig an dem Pferd herumzerren zu müssen, wäre das eine sinnvolle Vorübung.

2. Das Pferd geht unwillig vorwärts.

Zuerst muss geklärt werden, ob das Pferd auch an der einfachen Longe keinen Vorwärtsdrang hat. Ist das der Fall, wird so vorgegangen wie bereits beim Longieren beschrieben. Erst wenn sich das Problem dort gebessert hat, sollte man an der Doppellonge weiterarbeiten.

Liegt das Problem nur an der Doppellonge vor, könnte das Gebiss der Grund sein. Ein junges Pferd traut sich eventuell nicht, vorwärts zu gehen, wenn es das Gebiss spürt, weil es das noch nicht gewöhnt ist. Ältere Pferde können durch eine zu harte Reiterhand sauer geworden sein. Das Pferd sollte also vorwärts gehen dürfen, ohne von einer Einwirkung am Gebiss gestört zu werden. Wie beim Longieren an der einfachen Longe lässt sich ein Pferd auch an der Doppellonge viel durch Körpersprache steuern. Nur ganz vorsichtig kommt die Einwirkung über die Longen hinzu. Deshalb ist es auch so wichtig, dass das kleine Einmaleins an der Longe sitzt. Mit der Zeit lernt das Pferd, mit einer leichten Verbindung am Gebiss zu laufen, wobei bei einigen Pferden das Gewicht der Longen ausreichend sein kann, sodass sie etwas durchhängen dürfen.

Das Verschieben des Zirkels, indem man ein Stück ganze Bahn geht, auf dem das Tempo verstärkt wird, hilft auch, um den Schwung zu verbessern. Dabei sollte darauf geachtet werden, dass durch geschicktes Treiben die Schritte verlängert und nicht nur beschleunigt werden.

Beim Überqueren von Hindernissen aus einem Trailparcours wird das Vertrauen des Pferdes zum Reiter gestärkt.

# Trail

## DEFINITION

Der Begriff wurde durch das Westernreiten eingeführt. Gemeint ist das Bewältigen von verschiedenartigen Bodenhindernissen. Dabei kann es sich um Geschicklichkeitsaufgaben wie das Öffnen eines Tores oder ein Stangenlabyrinth handeln oder es geht um den Beweis, ob das Pferd jedes Hindernis, wie beispielsweise eine Brücke, eine Plane oder ein Flattertor, vertrauensvoll meistert. Auf diesem Gebiet hat Linda Tellington-Jones mit ihren Methoden wichtige Pionierarbeit geleistet. Trailaufgaben können sowohl an der Hand als auch unter dem Sattel geübt werden. Beides hat seinen Reiz und kommt dem Verhältnis von Pferd und Reiter zugute. Der Trail unter dem Sattel ist eine Disziplin, die von den Westernreitern besonders kultiviert wurde, aber schon vor drei Jahrzehnten traf man sie auch auf kleinen Ponyturnieren an.

Der Trail oder auch Geschicklichkeitsparcours hat nun auch an der Hand in Form der so genannten Gelassenheitsprüfung seinen Einzug auf die konventionellen Turniere gefunden.

## WIRKUNG

Trailaufgaben bringen Abwechslung in den Ausbildungsalltag. Sie lassen erkennen, wie gut das Pferd unter erschwerten Bedingungen auf Hilfen reagiert. Ist das Pferd von immer dem gleichen Einerlei in Bahn oder Halle gelangweilt oder sogar sauer, kann eine Traileinheit die Rettung sein.

Trailaufgaben bereiten auf manchen Ernstfall vor. Es kann durchaus nötig sein, dass sich das Pferd auf kleinstem Raum umdrehen muss, dass es eine Plane oder Brücke überqueren soll oder dass es praktisch ist, ein Tor vom Sattel aus öffnen zu können.

Mit Trailübungen lässt sich das Verhältnis zwischen Ausbilder und Pferd verbessern. Der Mensch lernt sein Pferd besser kennen und einschätzen. So weiß er in schwierigen und gefährlichen Situationen eher, wie er reagieren muss.

Viele Pferde machen besser mit, wenn sie einen Sinn hinter dem Verlangten erkennen können. Beim Trail ist das häufig der Fall.

## PROBLEME UND LÖSUNGEN

1. Das Pferd ist ängstlich und schreckhaft.

Zunächst sollten die Haltungsbedingungen des Pferdes überprüft werden. Hat es genug Bewegung, Abwechslung, Kontakt mit anderen Pferden und bekommt es entsprechend seiner Leistung nicht zu viel Futter? Wenn nicht, muss das zuerst geändert werden. Schon so manches Pferd hat seine Schreckhaftigkeit verloren, nachdem das Kraftfutter reduziert wurde und es täglich Auslauf bekam. Erst dann kann man entscheiden, ob das Pferd wirklich besonders schreckhaft veranlagt ist. Falls das der Fall ist, hilft nur viel Üben. Je mehr das Pferd kennt, desto weniger wird es sich vor neuen Hindernissen erschrecken.

2. Das Pferd bleibt stur stehen.

Bleibt das Pferd vor Hindernissen einfach stehen und bewegt sich nicht mehr, sollte es mit anderen Übungen wieder zur Mitarbeit animiert werden. Mehrmaliges Rückwärtsgehen mit anschließendem zügigen Antreten kann helfen. Will ein Pferd nicht mehr vorwärts gehen, hilft es oft, wenn es sich einige Male eng im Kreis drehen muss, bis es vergessen hat, wohin es eigentlich nicht wollte.

Eine andere Möglichkeit wäre, gemeinsam mit einem zweiten Pferd zu üben. Geht das andere Pferd willig vorweg, wird das sture Pferd mitgenommen und entwickelt vielleicht auch mehr Eifer bei der ganzen Angelegenheit.

3. Das Pferd ist desinteressiert.

Ist das Pferd grundsätzlich desinteressiert, wenn mit ihm gearbeitet wird, sollte die Zusammenarbeit generell überprüft werden. Ob

Die Araberstute hat sich ablenken lassen ...

... für die Weiterarbeit hat sich die Ausbilderin die Aufmerksamkeit zurückgeholt.

das Pferd ausreichend Respekt vor seinem Ausbilder hat, ist eine der Fragen. Ob das Verhältnis aus Respekt und Vertrauen stimmt und das Pferd genügend Bestätigung in Form von Lob bekommt, wenn es etwas richtig gemacht hat, sind weitere Punkte, die geklärt werden müssen.

Bei einfachen Übungen aus der Bodenarbeit lassen sich gute Grundlagen für die weitere Zusammenarbeit schaffen. Bewegt sich der Ausbilder um das stehende Pferd herum, sollte es ihn mit den Augen verfolgen. Wenn es das nicht tut, muss es durch einen leichten Ruck oder ein Schütteln am Strick wieder aufmerksam gemacht werden. Schaut es dem Menschen eine Weile interessiert in jede Richtung hinterher, kann es gelobt werden.

4. Das Pferd reagiert zu ungenau auf die Hilfen.

Je nachdem ob geritten oder geführt wird, muss an den entsprechenden Voraussetzungen trainiert werden.

Für das Reiten von Geschicklichkeitsaufgaben im Trail ist ein guter Schenkelgehorsam entscheidend. Der Schenkelgehorsam kann durch das Reiten von Schulterherein verbessert werden. Versteht das Pferd seinen Reiter besser, wenn es bei einem Hindernis seitwärts gehen muss, wird es williger mitmachen. Es empfiehlt sich nicht, das Seitwärtsgehen erst an dem Hindernis selbst zu üben. Harmonischer läuft es ab, wenn man ungewohnte Bewegungsabläufe ohne zusätzliche Schwierigkeiten üben kann. Beispielsweise ist es für das Öffnen und Schließen eines Tores vom Pferd aus günstig, wenn das Pferd Vor- und Hinterhandwendungen sowie

Das Pferd sollte gelernt haben, unter das Reitergewicht zu treten, damit es nicht ausweicht, wenn man sich zum Tor beugt.

Rückwärts- und Seitwärtsgehen beherrscht. Soll das Pferd an der Hand oder unter dem Sattel über einer Stange seitwärts gehen, muss es das bereits unter leichteren Bedingungen, also ohne die Stange, können.

Das Pferd sollte die Hilfen, die man im Trail benötigt, aus der bisherigen Ausbildung kennen.

## ÜBUNGSTRAIL AN DER HAND

Beispiele für einen gerittenen Trail gibt es in der Literatur, meist über das Westernreiten, bereits viele, darum folgt an dieser Stelle ein Vorschlag für einen Trail, durch den man das Pferd führen kann. Das hat den Vorteil, dass auch jüngere Pferde mitmachen können und dass der Reiter keine fortgeschrittenen Fähigkeiten benötigt. Der Trail kann aber auch geritten werden.

Vorschlag für einen Trail, durch den das Pferd geführt werden kann.

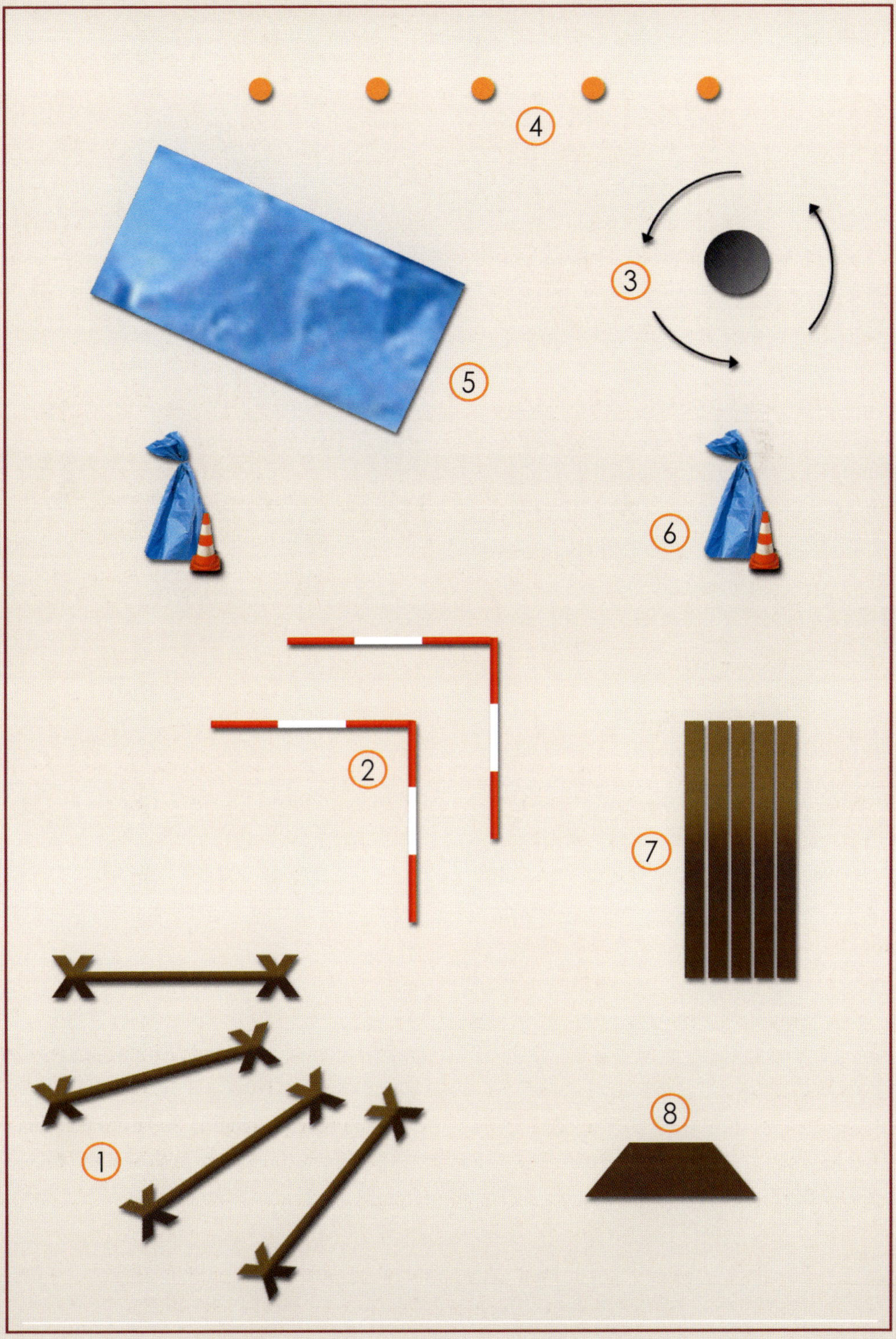

Mit sehr schwierigen Pferden übt es sich zuerst an der Hand meist leichter als unter dem Sattel.

Bevor man mit den Hindernissen beginnt, wird das Pferd eine Runde außen herum geführt. Dabei geht man rechts vom Pferd und rechts herum, um das Führen von dieser Seite nicht immer zu vernachlässigen. An den Hindernissen bleibt man nicht stehen, sondern geht einfach vorbei, als seien sie nichts Ungewöhnliches.

Die Skizze zeigt einen Vorschlag für die Anordnung der Hindernisse.

Auf den folgenden Fotos ist an jedem Hindernis ein anderes Pferd zu sehen. Interessant ist dabei die Rassevielfalt. Jedes Pferd, egal welcher Rasse, kann bei einem Trail gut oder schlecht sein. Entscheidend ist der individuelle Charakter sowie das entsprechende Training.

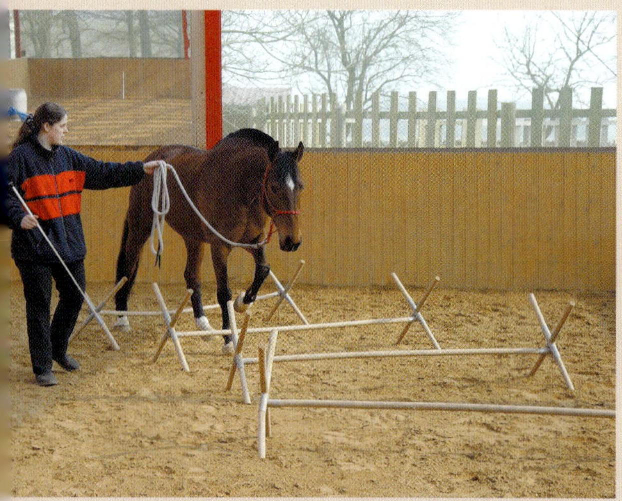

## 1. Cavaletti

Es gibt mehrere Möglichkeiten, diese zu überqueren. Der Mensch kann mit über die Cavaletti steigen. Dann führt man mit der linken Hand und geht auf der rechten Pferdeseite. Die Abstände sind so gewählt, dass das Pferd zwei Schritte zwischen den Cavaletti machen kann. Da sie fächerförmig angeordnet sind, ist es möglich, durch geschicktes Führen zu variieren, falls man merkt, dass der Abstand nicht ganz passt. Lässt sich das Pferd gut führen, kann man es auch alleine über die Cavaletti gehen lassen. Möglich ist ebenfalls, das Pferd wie beim Longieren auf Abstand über die Cavaletti zu schikken. Dann hält man den Strick in der rechten Hand und die Gerte links.

## 2. Winkel

Im ersten Teil des Winkels soll das Pferd seitwärts gehen und im zweiten Teil rückwärts wieder hinaus. Beherrscht das Pferd noch kein Seitwärtstreten an der Hand, kann man auch ganz rückwärts durch ein L aus vier Stangen gehen.

## 3. Tonne

Jetzt wird das Pferd von links geführt und um eine Tonne herum durch einen Engpass

geschickt. Der Mensch soll dabei immer an der gleichen Stelle neben der Tonne stehen bleiben. Wenn das Pferd um die Tonne herum longiert wird, muss auf seine Schulter zu getrieben werden, falls es stehen bleiben will.

## 4. Slalom

Im Abstand von zwei bis drei Schritten stehen fünf Stangen in der Reihe. Das Pferd soll im Slalom hindurch gehen, der Mensch geht nebenher geradeaus und führt das Pferd von links mit der rechten Hand. Die vorne angehobene linke Hand dient der Richtungsweisung in der Rechtskurve.

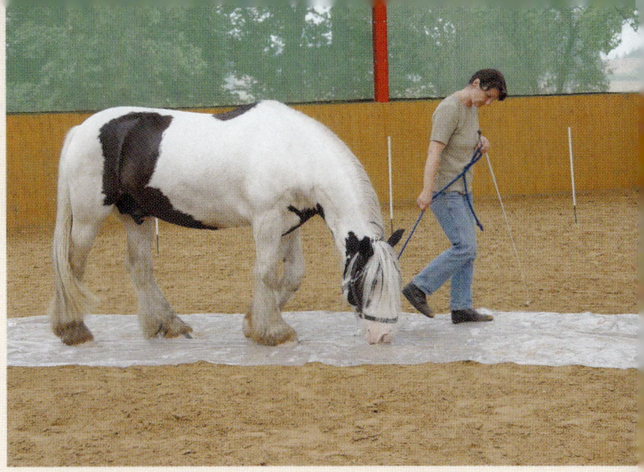

## 5. Plane

Eine rechteckige Plane kann entweder der Länge nach oder, falls das Pferd noch etwas ängstlich ist, quer überschritten werden. Macht das Pferd Schwierigkeiten, gibt man ihm etwas Zeit und lockt es mit Futter an oder auf die Plane. Hat es keine Angst mehr und schaltet auf stur, sollte man mehr auf Abstand mit ihm arbeiten und es über die Plane longieren, bis es ruhig darüber geht. Als Voraussetzung muss das Longieren ohne zusätzliche Schwierigkeiten allerdings gut beherrscht werden.

## 6. Plastiksack

Ein Plastiksack wird neben dem Pferd her gezogen. Hat das Pferd noch viel Angst davor, zieht man ihn soweit vorne, dass es ihn gut sehen kann. Mit zunehmender Gelassenheit kann der Sack weiter hinter dem Pferd schleifen.

## 7. Steg

Das Pferd wird über einen Steg geführt. Das kann beispielsweise auch eine stabile alte Tür sein. Wer damit schon vertraut ist, könnte an dieser Stelle auch die Wippe einbauen.

## 8. Podest

Falls ein Podest zur Verfügung steht, stellt man das Pferd zum Ende des Trails mit den Vorderbeinen darauf.

Grundsätzlich wird das Pferd nach jedem Hindernis gelobt. Bei einer besonders guten Leistung kann auch eine Belohnung gegeben werden. Wichtig ist, nach jedem Hindernis kurz zu verharren und nicht übergangslos zum nächsten zu gehen. Dem Pferd soll bewusst werden, wenn es etwas gut bewältigt hat. Hält man nach dem Hindernis an, ist darauf zu achten, dass das Pferd gerade stehen bleibt und sich nicht seitlich mit der Hinterhand wegdreht. Es soll nicht das Gefühl haben, es wäre am Ende doch noch weggelaufen. Damit das nicht passiert, muss man sich eventuell vor das Pferd stellen.

Die Reihenfolge der Hindernisse ist nicht zufällig so gewählt, sondern hat ihre Gründe:

Bei den Cavaletti muss sich das Pferd konzentrieren und auf seine Beine achten. Das ist ein guter Einstieg in einen Geschicklichkeitsparcours. Danach kommt es darauf an, die Hilfen genau zu beachten, um in dem Winkel oder dem „L" nicht anzuecken.

Das Longieren um die Tonne bereitet die Pferde auf die Führübung im Slalom vor. Dabei müssen sie sich auch auf Abstand führen lassen.

Ist man so weit gekommen, kann man sich an das Überqueren der Plane herantrauen. Entweder geht das Pferd direkt mit seinem Ausbilder mit oder es wird alleine über die Plane geschickt. Die richtige Mischung aus Vertrauen und Respekt ist die Voraussetzung für dieses Hindernis.

Nach diesem Kontakt mit Plastik schließt sich gleich der Plastiksack an, durch den sich das Pferd ebenfalls an dieses oft beängstigende Material gewöhnen soll.

Hat das Pferd das alles geschafft, bereitet ein Steg meist keine großen Probleme mehr. Das

Überqueren des Steges ist eine hervorragende Übung für das Verladetraining.

Bei dem Podest muss das Pferd ebenfalls auf eine hölzerne Erhöhung steigen. Das passt also gut hinter den Steg. Kennen die Pferde das Podest erst einmal, mögen sie es meist sehr und genießen den besseren Überblick. So werden sie zum Abschluss mit einer besonders angenehmen Übung belohnt.

# Roundpen

## DEFINITION

Seit Monty Roberts weiß sicher jeder, was ein Roundpen ist. Dieser eingezäunte Zirkel dient dem Zweck, frei mit einem Pferd arbeiten zu können. Dabei kann man unterscheiden, ob es sich um ein nahezu rohes, unausgebildetes Pferd handelt, das gerade die ersten Schritte in eine Ausbildung macht, oder um ein weiter ausgebildetes Pferd, bei dem bereits an der Longe Erlerntes frei auf die Probe gestellt wird.

## WIRKUNG

Im Roundpen lässt sich das Verhältnis von Pferd und Ausbilder besonders gut klären. Auf dem begrenzten Raum kann das Pferd nicht ausweichen und muss sich mit dem Menschen auseinandersetzen. Bei jungen, aufsässigen Pferden kann man sich den Roundpen zunutze machen, um die eigene Autorität durchzusetzen. Das sollte aber nicht in konzeptloses Hin- und Herjagen ausarten. Bei der Roundpen-Arbeit soll das Pferd lernen, den Menschen zu respektieren und ihm zu vertrauen. Letzteres ist mindestens genauso wichtig und darf auf keinen Fall zu kurz kommen. Man muss also immer wieder eine freundliche Atmosphäre schaffen und das Pferd loben, wenn es in gewünschter Weise reagiert.

Der Roundpen kann aber auch eine ganz andere Funktion haben und zwar die einer Manege, in der das Pferd frei läuft und Elemente der Freiheitsdressur zeigt. Mehr dazu in dem entsprechenden Kapitel.

## PROBLEME UND LÖSUNGEN

1. Das Pferd hört nicht zu.

Der Ausbilder muss es schaffen, die Aufmerksamkeit des Pferdes zu bekommen. Zunächst sollte ergründet werden, warum das Pferd nicht zuhört. Es kann entweder daran liegen, dass es den Ausbilder nicht ernst nimmt, oder daran, dass er das Pferd mit eintöniger Arbeit langweilt. Bei diesen unterschiedlichen Ursachen gibt es verschiedene Lösungswege, das Interesse des Pferdes zu wecken. Hat das Pferd nicht genügend Respekt, muss konsequent mehr gefordert werden. Richtungswechsel, Anhalten, Antraben in schneller Folge können helfen. Dabei sollte das Pferd besser auch im Roundpen an der Longe gehen, um hektisches Umherspringen zu vermeiden.

Langweilt sich das Pferd, ist ansonsten aber gehorsam, kann man es mit ruhigeren, aber

Im Roundpen sollten die Pferde jederzeit auf ein Zeichen zum Ausbilder kommen. Sie werden dann stets belohnt.

durchaus anspruchsvollen Lektionen versuchen. Volten um den Ausbilder, Drehungen um die eigene Achse und rückwärts und vorwärts im Wechsel, alles mit und später auch ohne Longe, fordern die Aufmerksamkeit des Pferdes heraus.

2. Das Pferd läuft vor dem Ausbilder davon.

Das Pferd hat entweder Angst vor dem Menschen oder einfach keinen Grund, mit ihm zusammenarbeiten zu wollen. Das kann an schlechten Erfahrungen liegen, die das Pferd früher einmal gemacht hat, oder der jetzige Besitzer verursacht dieses Verhalten. In jedem Fall muss das Pferd mehr Vertrauen zu seinem Ausbilder bekommen. Die Arbeit im Roundpen ist dafür ein geeignetes Medium. Man kann das Pferd frei laufen lassen im Sinne eines „Join Up" und dann warten, bis es zu einem kommt. Sicher braucht man dazu etwas Erfahrung oder den Rat eines Profis.

Um das Verhältnis zum Pferd allgemein zu verbessern, bietet sich immer wieder die Bodenarbeit an. Anleitung dazu lässt sich leicht aus diversen Büchern entnehmen.

Bei Pferden, die auch im Auslauf oder auf der Weide gerne davonlaufen, sollte man sich angewöhnen, immer eine Belohnung zu geben, wenn sie zu einem kommen.

Laufen Pferde bei der Arbeit davon, darf man nicht mit Härte oder Strafe reagieren. Das würde das Problem nur noch verschlimmern.

Lässt man das Pferd galoppieren, sollte es einen umkreisen und nicht davonlaufen.

# Freiheitsdressur

## DEFINITION

Dieser Begriff stammt aus der Zirkuswelt. Freiheit und Dressur – zwei Gegensätze, die nicht zusammenpassen. Aber mit Freiheit ist gemeint, dass das Pferd ohne feste Verbindung zum Ausbilder seine Lektionen ausführt. Ein oder auch mehrere Pferde laufen in einer Manege, einem Roundpen oder in der Reithalle nach den Anweisungen des Ausbilders Zirkel, Volten und Pirouetten in der gewünschten Gangart. Zusätzlich können zirzensische Lektionen eingebaut werden.

## WIRKUNG

Bei der Freiheitsdressur zeigt sich, wie gut das Pferd auf Körpersprache, Peitschenzeichen und Stimme reagiert. Und nicht nur das Pferd wird überprüft, sondern auch die Genauigkeit in der Hilfengebung kommt zutage, denn keine Longe kann Fehler ausbügeln.

Bei dieser Beschäftigungsform wird sehr stark auf freiwillige Mitarbeit seitens des Pferdes gesetzt. Mit übertriebener Strenge erreicht man gar nichts. Das Pferd wird sich von einem abwenden. Wenn etwas nicht funktioniert, muss

Eine Lektion der Freiheitsdressur ist die Volte um den Ausbilder herum. Bevor sie so frei gelingt, wird an der Longe geübt.

Auf Zuruf kommt das Pferd zum so genannten Appell und wird selbstverständlich belohnt.

man immer die Geduld haben, in den Anforderungen einen Schritt zurück zu gehen, und die Übung in Ruhe wieder aufbauen.

Gelingen schwierige Lektionen zum ersten Mal, können das wahre Glücksmomente in der Ausbildung sein.

## PROBLEME UND LÖSUNGEN

1. Das Pferd lässt sich zu leicht ablenken.

Beschäftigt man sich mit der Freiheitsdressur, sollten die grundlegenden Regeln der Longen- und Roundpen-Arbeit zuvor geklärt sein. Idealerweise zeigt immer mindestens ein Ohr des Pferdes zum Ausbilder. Wendet sich das Pferd etwas anderem zu, spricht man es mit Namen wieder an. Man kann in diesem Ausbildungsstadium davon ausgehen, dass das Pferd seinen Namen kennt.

Bei der Freiheitsdressur sollte immer eine Longe am Rand der Manege oder des Roundpens hängen. Sobald eine Lektion nicht funktioniert, weil das Pferd nicht aufpasst oder etwas nicht verstanden hat, kann man sie zu

Hilfe nehmen. So wird Stress durch wiederholte Fehlversuche vermieden. Sitzt die Übung dann wieder, kann auf die Longe verzichtet werden.

2. Das Pferd ist übereifrig.

Der Übereifer äußert sich in dem Verwechseln von verschiedenen Lektionen oder dem voreiligen Ausführen von Lektionen, bevor ein Kommando gegeben wurde. Eigentlich ist es eine schöne Sache, wenn das Pferd so eifrig mitmacht. Es liegt allerdings die Gefahr darin, dass dieses Geschehen außer Kontrolle gerät und das Pferd alles durcheinander bringt. Letztlich ist es dann frustriert, weil es für nichts richtig gelobt werden kann. Bei so einem Pferd muss das Lerntempo gedrosselt werden. Man sollte nicht zu viele Übungen gleichzeitig neu beginnen. Das Programm kann gerne einmal etwas langweilig ausfallen. Längere Trabphasen beruhigen das Pferd und lasten es zumindest körperlich für den Moment aus. Erst wenn eine Lektion sicher ist, beschäftigt man sich mit der nächsten neuen Lektion. Besonders bei lernwilligen Pferden mit guter Auffassungsgabe muss darauf geachtet werden, dass man sie nicht überfordert.

3. Das Pferd kommt nicht gerne zum Ausbilder.

Generell muss dem Pferd das Prinzip vertraut sein, dass gute Lektionen belohnt werden, aber schlechte nicht bestraft. Die Bestrafung würde dazu führen, dass das Pferd wegläuft, wenn es unsicher ist, aus Angst einen Fehler zu begehen. Eine ganz wichtige Lektion der Freiheitsdressur ist der Appell. Das Pferd sollte sich aus jeder Situation heranrufen lassen. Geübt wird zunächst an der Longe, bis keine Longeneinwirkung mehr nötig ist. Das Pferd wird mit seinem Namen und einem Wort, zum Beispiel „Hier", gerufen. Das lässt sich dann auch im Auslauf ausprobieren. Kommt das Pferd, sollte es immer eine Belohnung bekommen, umso sicherer wird das Kommando in jeder Situation befolgt werden.

# Zirkuslektionen

## DEFINITION

Die Zirkuslektionen wie zum Beispiel Verbeugungen, Hinlegen, Knien, Sitzen, spanischer Schritt und Steigen bekam man früher nur im Zirkus zu sehen. Heutzutage fehlen sie in kaum einem Schauprogramm und der Ausdruck Zirkus hat in diesem Zusammenhang seinen negativen Beiklang verloren. Zirkuslektionen können sowohl vom Boden aus als auch unter dem Sattel gezeigt werden.

## WIRKUNG

Die Zirkuslektionen haben ähnliche Auswirkungen wie die Bodenarbeit allgemein. Die zum Teil ungewöhnlichen Bewegungen verbessern Körpergefühl, Gelenkigkeit und Gleichgewicht. Die Lektionen haben fast immer ein natürliches

Bevor das Kompliment unter dem Sattel gelingt, wird es vom Boden aus geübt.

Die Verbeugung erinnert an ein Pferd, das sich strecken will.

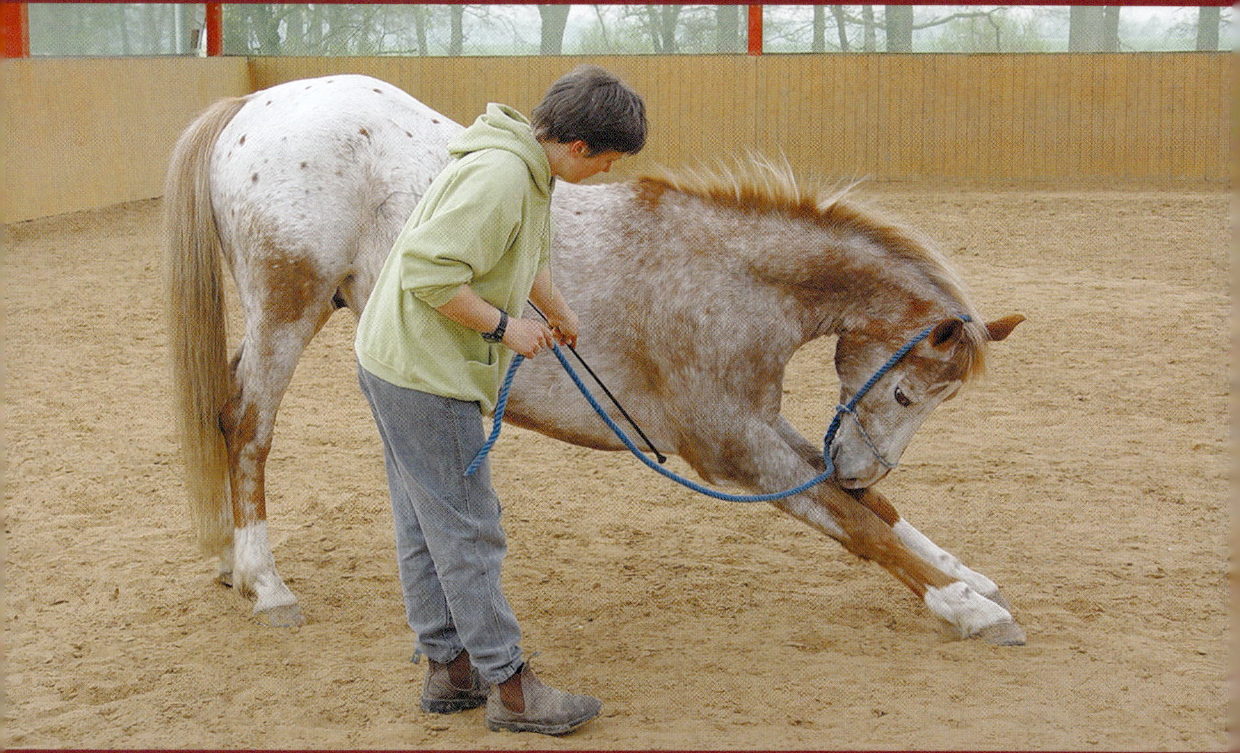

Vorbild. So entspricht die Verbeugung dem morgendlichen Strecken des Pferdes. Das Kompliment zeigen viele Pferde im Spiel, wenn sie die Gelegenheit dazu haben. Auch den spanischen Schritt lassen Pferde beim Kontakt mit Artgenossen erkennen, egal ob Hengst oder Wallach und auch Stute. Die Schwierigkeit besteht nun darin, dem Pferd verständlich machen zu können, dass man eine dieser Bewegungen von ihm sehen möchte. Gelingt es, sich dem Pferd verständlich zu machen, hilft einem das auch in vielen alltäglichen Situationen. Das Pferd hat gelernt, darauf zu achten, was der Mensch von ihm möchte, und verhält sich kooperativer. Soll es zum Beispiel eine Treppenstufe erklimmen oder den Kopf senken, ein einzelnes Bein hochhalten oder nach links schauen, wird es leichter verstehen, was gemeint ist, wenn man schon öfter geübt hat, dass das Pferd bestimmte Bewegungen auf Kommando ausführt.

Schlaue, lernwillige Pferde können viele Lektionen mit den Beinen wie beispielsweise auch das „Kreuzen“ gut voneinander unterscheiden.

## PROBLEME UND LÖSUNGEN

1. Das Pferd ist unkonzentriert.

Schlechte Konzentration kann ein Zeichen für Über- oder Unterforderung sein. Ist ein Pferd überfordert, muss man das Lerntempo zurückschrauben und lieber sichere Lektionen wiederholen. Für Pferde ist es besonders schwierig, Übungen, die sich ähneln, auseinanderzuhalten. Fordert man zum Beispiel das Kompliment und das Knien nacheinander, kann es zu Verwechslungen kommen. Als Hilfestellung für das Pferd könnte das Kompliment von links und das Knien von rechts verlangt werden. So hilft man dem Pferd, Fehler zu vermeiden.

Kann ein Pferd mit einem Körperteil viele verschiedene Lektionen, sagt man, dass es sich um ein intelligentes Pferd handelt. Manche Pferde können beispielsweise mit den Beinen „winken“, „kreuzen“, „spanischen Schritt“, „Polka“, „Kompliment“ und „Knien“. Um nichts zu verwechseln, muss sich das Pferd gut konzentrieren.

Es braucht eine ruhige und angenehme Arbeitsathmosphäre um neue, schwierige Übungen lernen zu können.

2. Das Pferd ist ungeduldig.

Meist liegt die Ungeduld des Pferdes, die sich in unruhigem Umherzappeln äußert, an dem ungeschickten und aus Sicht des Pferdes zu langsamen Vorgehen des Ausbilders. Dem Pferd fehlen konkrete Anweisungen und lerneifrige

Pferde probieren dann etwas aus. Man sollte seine Handgriffe auf das Nötigste reduzieren und sie ruhig und gezielt ausführen. Zwar darf das Pferd nicht das Tempo vorgeben, aber seine Geduld sollte auch nicht unnötig strapaziert werden. Eine Runde Schritt, die wiederholt eingelegt werden kann, bringt wieder Ruhe in das Training, sodass die Lektionen nicht ohne Unterbrechung aneinander gereiht werden müssen.

3. Das Pferd ist gelangweilt.

Wirkt das Pferd gelangweilt, sollte das Trainingsprogramm überprüft werden. Es muss vermieden werden, jeden Tag das Gleiche zu üben und die Lektionen immer in der gleichen Reihenfolge zu verlangen. Andererseits darf das Pferd nicht überfordert werden, indem man das Programm zu sehr vollstopft. Das Üben der Zirkuslektionen kann gut durch eine Longiereinheit unterbrochen werden, bei der das Pferd dann körperlich mehr gefordert wird als geistig, sich aber trotzdem nicht langweilt.

## TRAININGSPROGRAMM ZIRKUSLEKTIONEN

Nachfolgend findet man einen Vorschlag, wie Zirkuslektionen und Bodenarbeit zu einem sinnvollen Programm zusammengestellt werden können. Dieses Programm sollte immer wieder neu kombiniert werden, um keine Langeweile aufkommen zu lassen. Dabei ist allerdings auf passende Übergänge zu achten. Man sollte nicht mit der schwierigsten Lektion beginnen und das Pferd gut aufwärmen, bevor man ihm ungewöhnliche Bewegungen abverlangt.

Zum Schluss die Übung, die das Pferd gerade neu lernt, beispielsweise Kompliment oder Knien oder Überkreuzen der Beine

| Lektionen | Wirkung |
|---|---|
| Führen in beide Richtungen von links und von rechts, einige Male anhalten und ein paar Schritte rückwärts | zur besseren Konzentration |
| Schulterherein auf beiden Seiten | zum Aufwärmen und für den Gehorsam |
| Hinterhandwendungen | weitere Feinabstimmung |
| Alternativ durch Stangenlabyrinth oder über Stangen treten oder rückwärts durch ein L | Abwechslung und Konzentration |
| Bergziegenübung, bei der das Pferd mit den Hinterbeinen nahe an die Vorderbeine tritt | Muskeldehnung, Entspannung, Gleichgewicht, Körpergefühl |
| Pferd abstellen und rufen | Gehorsam, Konzentration, Hören auf den Namen |
| spanischer Schritt oder als Vorübung Polka | Schulterfreiheit, kontrollierter Abbau überschüssiger Energie |
| Pferd auf ein Podest stellen | Gehorsam, Vertrauen, Angstabbau, Körpergefühl |

Durch entsprechende Gymnastizierung könnte der Hals des bereits schwungvoll trabenden Pferdes noch lockerer werden.

# Dressur

## DEFINITION

Was Dressur ist, wurde und wird viel diskutiert. Hier ist das dressurmäßige Reiten in der Bahn oder der Reithalle gemeint, das der Gymnastizierung und Versammlung des Pferdes dient. Dabei kann man allein oder auch in der Gruppe reiten.

## WIRKUNG

Ohne ein gewisses Maß an dressurmäßiger Ausbildung ist ein harmonisches Reiten auf die Dauer unmöglich. Durch sinnvolle Gymnastizierung wird die Bemuskelung des Pferdes verbessert, sodass es in der Lage ist, einen Reiter zu tragen, ohne dadurch Schaden zu nehmen. Es lernt, auf feine Hilfen zu reagieren und sich nicht gegen die Reitereinwirkung zu wehren. Gleichgewicht und Körpergefühl werden verbessert. Schon oft wurde beobachtet, dass Pferde mit fortschreitender Ausbildung in ihrer Umgebung und in der Herde immer selbstbewusster werden. Es macht den Eindruck, als trauten sie sich mehr zu, je mehr sie gelernt haben.

Im Gelände sind problematische Pferde besser in den Griff zu bekommen, wenn sie in der Bahn gelernt haben, auf die reiterlichen Hilfen zu hören. So kann man zum Beispiel ein heftiges Pferd im Schulterherein gehen lassen, damit es nicht davonstürmt.

## PROBLEME UND LÖSUNGEN

1. Das Pferd ist unkonzentriert.

Möglicherweise ist das Pferd unterfordert und langweilt sich bei einem wenig abwechslungsreichen Programm. Die Reihenfolge der Übungen sollte immer wieder umgestellt werden, sofern das vom Aufbau möglich ist. Selbstverständlich kann nicht im Galopp begonnen werden, aber man kann ihn an verschiedenen Stellen des Programms einbauen.

Es kann auch an den äußeren Umständen liegen, dass das Pferd unkonzentriert ist. Vielleicht ist gerade Futterzeit oder der beste Kumpel wurde kurz zuvor aus dem Auslauf geholt. Das Pferd sollte sich zwar trotzdem konzentrieren, aber man muss Abstriche machen und darf keine Höchstleistungen erwarten. Damit das Pferd wieder Spaß an der Mitarbeit findet, werden ihm Aufgaben gestellt, die es lösen kann und für die es gelobt wird. Durch Lob konzentriert sich das Pferd wieder besser auf seinen Ausbilder. Beherrscht das Pferd beispielsweise gut Hinterhandwendungen, baut man sie einige Male ein und lobt dann bei guter Ausführung. Diese Übung ist weder zu einfach noch so schwierig, dass sie bei Ablenkung nicht gelingt. Sicher fallen einem für sein Pferd die passenden Aufgaben ein.

2. Das Pferd ist aufgeregt.

In diesem Fall ist es interessant, wie das Pferd zuvor geritten wurde. Die Aufgeregtheit erklärt sich dadurch häufig sehr gut. Wurde es zu stark gefordert, beruhigt sich so ein Pferd allein dadurch, dass man ihm ein leichteres Programm abverlangt. Ist es aufgeregt, weil es beim Reiten häufig Unstimmigkeiten gab, müssen zunächst diese Probleme beseitigt werden. Das geht nicht so schnell, wenn sie bereits über einen längeren Zeitraum bestehen. Ein Pferd, das beispielsweise den Kopf hochreißt und aufgeregt tänzelt, weil es mit zu harter Hand geritten wurde, wird dieses Verhalten nicht von heute auf morgen ablegen. Hier muss man ganz in Ruhe mit viel grundlegender Biegearbeit beginnen.

Pferde, die dazu neigen, sich leicht aufzuregen, ansonsten aber rittig und willig sind, sollten in langen Abschnitten mit wenig Tempowechseln gearbeitet werden. Häufiges Anhalten und Antraben oder Angaloppieren würde sie nervös machen. Längeres Traben auf verschiedenen Zirkeln mit langen Abschnitten Schulterherein kann sie beruhigen.

Ist ein Pferd akut aufgeregt, weil zum Beispiel ein Hengst einer Stute begegnet ist oder ein vertrautes Pferd den Platz verlassen hat, gibt es eine Lektion, durch die es die dabei entstehende Energie abbauen kann, und zwar den spanischen Schritt. Voraussetzung dafür ist allerdings, dass das Pferd ihn bereits beherrscht.

3. Das Pferd ist träge und unaufmerksam.

Anders als bei dem Fall zuvor sind jetzt häufige Wechsel des Tempos angebracht. Grundsätzlich sollte nicht versucht werden, die Faulheit in der Lektion selber zu beheben, sondern andere Lektionen werden zur Hilfe genommen. Hierfür folgen einige Beispiele. Das Pferd geht im Schritt zu langsam und reagiert kaum, wenn man es antreibt. Nun treibt man im Schritt nicht immer mehr, sondern wartet, bis das Pferd deutlich zu langsam geworden ist. In dem Moment muss es antraben, also etwas tun, was ihm noch mehr Arbeit macht als fleißigen Schritt zu gehen. Nachdem man das einige Male wiederholt hat, deutet man das Treiben nächstes Mal nur an. Wird der Schritt beschleunigt, kann das Pferd im Schritt weitergehen und wird gelobt.

Eine ähnliche Situation besteht, wenn ein Pferd in einem Seitengang am Ende einer Seite immer langsamer wird. Das Pferd sollte in dem Seitengang nicht immer mehr getrieben werden müssen mit immer weniger Effekt. Geht das Pferd beispielsweise Schulterherein im Trab an der langen Seite und fällt fast in den Schritt, lässt man es unvermittelt nach vorne schräg in die Bahn angaloppieren. Nachdem das Pferd durch mehrmaliges Angaloppieren wacher geworden ist, versucht man es mit leichtem Treiben im Schulterherein im Trab zu halten. Wieder wurde die Lektion mit etwas korrigiert, das dem Pferd mehr Mühe machen würde. Dieser Grundsatz lässt sich in vielen Situationen anwenden.

## AUFBAU EINER REITSTUNDE

Hier werden verschiedene Möglichkeiten aufgezeigt, wie man eine Übungsstunde sinnvoll gestalten kann. Dabei werden einige Pferdetypen danach unterschieden, welche Eigenschaft bei ihnen überwiegt. Selbstverständlich sind auch Mischtypen denkbar. Nach dem Vergleichen der verschiedenen Vorschläge ist man in der Lage, für sein Pferd die passenden Kombinationen herauszusuchen.

Für jedes Pferd wird eingangs der Tenor der Reitstunde beschrieben. Es folgen einige konkrete Vorschläge zum Ablauf. Mit „Pause“ ist immer Schritt am langen Zügel für eine oder mehrere Runden gemeint. Das Gleiche gilt für „Ende“. Eine Pause dient der Entspannung und kann auch als Belohnung für eine gelungene Lektion eingesetzt werden. Es ist nicht sinnvoll, erst am Ende einer Reitstunde die Zügel lang zu lassen. Auch Sportler und Tänzer lockern zwischendurch ihre Muskeln. Wenn sich das Pferd nicht mehr aufnehmen lässt, nachdem der Reiter einmal die Zügel lang gelassen hat, hat er etwas falsch gemacht.

Sind bestimmte Übungen vorgeschlagen, sollten sie immer in beide Richtungen geritten werden. Es ist sinnvoll, die bessere Richtung, auf der das Pferd lieber läuft, zuerst zu reiten, damit es von vorneherein positiv an die Übung herangeht. Weiß es dann, worum es geht, hat man auf der anderen Hand meist weniger Schwierigkeiten. So vermeidet man Unstimmigkeiten. Hat das Pferd die schwierigere Seite auch gemeistert, kann es gelobt und die Übung beendet werden. Es empfiehlt sich nicht, auf der unbeliebteren Seite vermehrt zu trainieren. Das könnte leicht dazu führen, dass das Pferd sauer wird und gar nicht mehr mitmacht. Erfahrungsgemäß kommt es sowieso häufig dazu, dass die bessere Seite wechselt. Am besten wird also gleichmäßig auf beiden Seiten trainiert.

Selbstverständlich darf nicht jedes Mal beim Reiten genau das gleiche Programm abgespult werden. Das Pferd würde sich langweilen oder auch aufregen, wenn es weiß, welche Lektion als Nächstes verlangt wird. Das hängt vom Pferdetyp ab. Beides ist für die gute Zusammenarbeit nicht förderlich.

Die verschiedenen Vorschläge bieten einen Überblick, wie man durch einen bestimmten Aufbau einer Reitstunde das Pferd so oder so beeinflussen kann.

## Übereifriges Pferd mit viel Vorwärtsdrang

Grundsätzlich: viel Schritt, kein schneller Wechsel der Lektionen und Gangarten, lange Reprisen, große Bögen, normale Ruhepausen, Seitengänge vor dem ersten Antraben, nicht jedes Mal galoppieren

| |
|---|
| Einige Runden Schritt am langen Zügel |
| Zügel aufnehmen |
| Zirkel und Schlangenlinien durch die ganze Bahn im Schritt |
| Pause |
| Schulterherein im Schritt, danach antraben |
| Zirkel, Schlangenlinien und Volten, bis das Pferd ruhig und locker trabt |
| Pause |
| Schulterherein im Trab und wieder große Bögen |
| Travers und Traversalen je nach Können im Schritt und Trab |
| Galopp auf Zirkeln, Seitengänge im Galopp je nach Können |
| Alternativ an einigen Tagen den Galopp ganz weglassen |
| Pause |
| Volten und Zirkel im Trab, bis das Pferd ruhig und locker geht |
| Schlangenlinien im Schritt |
| Ende |

## Faules Pferd mit langsamen Reaktionen

Grundsätzlich: alle Gangarten oft wechseln, keine langen Reprisen, große und kleine Bögen, kurze Ruhepausen, Seitengänge erst nach dem ersten Trab, Galopp zu verschiedenen Zeitpunkten

| |
|---|
| Eine Runde Schritt auf jeder Hand am langen Zügel |
| Zügel aufnehmen |
| Ein Zirkel im Schritt auf jeder Hand |
| Volten an der Mittellinie im Trab, Schritt zwischen jeder Volte |

Schulterherein an der langen Seite, dazwischen Mitte der Seite eine Volte im Trab

Handwechsel

Übung andersherum wiederholen

Pause

Trab auf Zirkeln mit Handwechsel

Ganze Bahn, jeweils Mitte der langen Seiten halten, einige Schritte rückwärts, wieder antraben, auf jeder Hand wiederholen, bis das Pferd spontan antrabt

Pause

Galopp aus dem Schritt oder Trab auf beiden Händen auf Zirkeln, jeweils nicht lange ohne Unterbrechung, Schulterherein im Trab an den langen Seiten oder auf der Mittellinie

Trab am langen Zügel ganze Bahn und durch die ganze Bahn wechseln

Pause

Hinterhandwendungen, Travers und Traversalen, je nach Können

Ende

## Nervöses Pferd, das zu Verspannungen neigt

Grundsätzlich: erst lange Schritt, dann lange Trab, ruhige Wiederholungen, kleine Bögen im Schritt, große Bögen im Trab, lange Ruhepausen, Seitengänge vor dem ersten Antraben, Galopp erst wenn gelöst

Ganze Bahn, Zirkel, geschlängelte Linien am langen Zügel, dabei auf Biegung achten, Zügel aufnehmen

Volten, große und kleine Achten im Schritt

Seitengänge im Schritt, besonders Schulterherein

Pause

Viele Zirkel und Schlangenlinien im Trab

Volten im Trab

Seitengänge im Trab

Pause

Verschiedene Bahnfiguren im Trab, beispielsweise viele Volten und Achten hufschlagunabhängig

Galopp erst wenn das Pferd locker trabt

Zirkel und kleinere Bögen im Galopp, Zirkel verschieben

Seitengänge im Schritt

Ende

## Steifes Pferd mit hoher Kopfhaltung

Grundsätzlich: Schritt oder Trab je nach Pferd, viel Biegen, kleine Bögen im Schritt, große und kleine Bögen abwechselnd im Trab, normale Ruhepausen, Seitengänge je nach Tagesform, Galopp erst wenn gelockert, wirkt aber auch bei einigen Pferden lockernd

Ganze Bahn, Zirkel, geschlängelte Linien am langen Zügel, dabei auf Biegung achten, Zügel aufnehmen

Zirkel im Schritt, Kopf einige Male verstärkt nach innen stellen bis zum Nachgeben, auf beiden Händen, mit der besseren Seite anfangen

Volten und Achten im Schritt

Pause

Zirkel und Volten im Trab

Pause

Schulterherein im Wechsel mit Volten im Schritt

Schulterherein im Wechsel mit Volten im Trab

Pause

Galopp, falls Kopfhaltung nicht mehr zu hoch, jeweils lange auf einem Zirkel bis zur Entspannung

Pause

Seitengänge im Trab je nach Können

Trab am langen Zügel auf Zirkeln

Ende

## REITEN IN DER GRUPPE

Das Reiten in der Gruppe oder in einer so genannten Abteilung stellt einen Sonderfall des dressurmäßigen Reitens in der Bahn oder Halle dar. Sicher hat es einige Nachteile, da man auf andere Rücksicht nehmen muss und nicht immer auf jedes individuelle Bedürfnis eingehen kann, aber es gibt auch Vorteile. Besonders faule Pferde sind in der Gruppe motivierter und haben einen besseren Vorwärtsdrang, den man sich zunutze machen kann.

Es folgen einige Beispiele, wann sich Reiten in der Gruppe positiv auswirken kann.

- Der Galopp auf dem Zirkel kann besser gelingen, wenn ein sicheres Pferd im passenden Tempo vorweg geht, besonders wenn das hintere Pferd sonst leicht in den Trab fallen würde oder gerne aus dem Zirkel ausbricht.

In der Gruppe gehen einige Pferde in den Seitengängen fleißiger.

- Bei Seitengängen wird ein faules Pferd, das sonst schwer im Tempo zu halten ist, von den anderen förmlich mitgezogen.
- Steht ein Pferd nicht gerne still, hilft es, wenn alle anderen ruhig sind und still stehen können.
- Antraben aus dem Stand ist mit einigen Pferden sehr mühsam. Traben mehrere Pferde gleichzeitig an, geht es leichter.
- Es gibt Pferde, die sich immer wieder in der gleichen Ecke gruseln. Wenn ein anderes Pferd vorne geht, verliert die Ecke ihren Schrecken.

Die Liste ließe sich noch fortführen, aber man erkennt bereits, dass andere Pferde in der Bahn nicht immer störend sein müssen.

## Der Hintere gibt den Ton an

Um eine gewisse Ordnung in eine kleine Gruppe von Reitern zu bringen, ohne dass ein Reitlehrer dabei ist, gibt es folgende Möglichkeit, vorausgesetzt die Reiter sind sich in ihrer Reitweise einig. Es funktioniert so, dass immer der hintere Reiter die Bahnfiguren und Aufgaben ansagt, die die Gruppe dann reitet. Von hinten hat er den Überblick und weiß, wann ein neu-

Die Gruppe strahlt Ruhe aus, die sich auch auf einzelne nervöse Pferde überträgt.

es Kommando gegeben werden kann. Es macht Spaß, auf diese Art und Weise ab und zu gemeinsam zu reiten, und man behindert sich nicht gegenseitig. Ganz nebenbei lernen die Reiter, sich mehr zu konzentrieren und nicht ohne Konzept einfach so vor sich hin zu reiten.

Mit einer so eingespielten Gruppe kann man auch gut auf einen gemeinsamen Ausritt gehen. Die Pferde kennen sich bereits und die Reiter haben gelernt, aufeinander zu achten.

# Gelände

## DEFINITION

Unter einem Geländeritt stellt sich wohl jeder das Gleiche vor, wobei sich das „Wie“ noch stark unterscheiden kann.

## WIRKUNG

Pferde brauchen Abwechslung bei der Beschäftigung, die wir ihnen bieten. Kein Pferd wird freudig jeden Tag die gleichen Lektionen in der Bahn absolvieren. Einige Dressurlektionen lassen sich auch ins Gelände verlagern. Auf guten Wegen kann man durchaus Seitengänge reiten.

Ist das Pferd erst einmal geländesicher, ist ein Ausritt eine herrliche Entspannung, nach der das Pferd wieder voller Eifer an schwierigere Aufgaben herangeht.

## PROBLEME UND LÖSUNGEN

1. Das Pferd ist ängstlich.

Die beste Lösung für den Anfang ist die Begleitung durch ein sicheres und ruhiges Pferd. Das ängstliche Pferd wird sich an seinem Artgenossen orientieren. Wenn es dann mehr kennen gelernt hat, kann man sich daran wagen, mit ihm alleine auszureiten. Um diesen Übergang einfacher zu gestalten, könnte man sich auch von einem Fahrradfahrer einige Male begleiten lassen. Das Pferd fühlt sich dann nicht ganz so alleine, aber es muss schon auf seinen Artgenossen verzichten. Der gleiche Effekt ergibt sich, wenn der Reiter absteigt. Die meisten Pferde fühlen sich dann sicherer. Das Pferd soll sich aber daran gewöhnen, dass es im Gelände geritten und nicht geführt wird.

Grundsätzlich wird es immer Pferde geben, die ängstlicher, und andere, die unerschrocken sind. Nur durch viel Training lässt sich Ängstlichkeit in den Griff bekommen. Ein kleiner Rest wird bei so einem Pferd wahrscheinlich trotzdem bleiben. Je besser das Pferd geritten ist, desto besser lässt es sich in schwierigen Situationen dann noch kontrollieren. Die Ausbildung auf dem Reitplatz oder in der Halle hat auch ihren Sinn für das Reiten im Gelände.

2. Das Pferd ist nervös.

Pferde, die im Gelände nervös sind und losrennen wollen, haben meist Erfahrungen auf Ausritten gemacht, die später einmal sehr lästig werden können. Oft wurden mit ihnen zum Spaß Wettrennen geritten. Bei jedem Galopp will das Pferd nun so schnell laufen, wie es kann. Darf es das dann nicht, fängt es an zu tänzeln und wird nervös. Der Reiter braucht jetzt viel Geduld. Am besten verzichtet er eine Weile ganz auf den Galopp und reitet nur Schritt und langsamen Trab, bis er das Gefühl hat, das Pferd denkt nicht mehr ständig an die Raserei. Häufig wollen solche Pferde in einer Gruppe nicht hinten gehen. Dieses Problem lässt sich nur durch viel Üben und mit Hilfe von umsichtigen Mitreitern lösen. Muss das Pferd hinten gehen, kann man es durch Reiten von Seitengängen ablenken. Sofern es den Ausbildungsstand hat, bieten sich Traversalen im Zickzack oder Schulterherein an. Niemals sollte vorne schneller geritten werden, ohne das zuvor anzukündigen.

Manche Pferde sind nervös, wenn andere Pferde hinter ihnen gehen. Das lässt sich zum Beispiel dann beobachten, wenn ein rangniederes vor einem ranghohen Pferd geritten wird. Der hintere Reiter muss genügend Abstand halten, bis sich das andere Pferd an die Situation gewöhnt hat. Letztlich sollen die Pferde lernen, dass die Rangfolge beim Reiten nichts zu bedeuten hat.

3. Das Pferd ist faul und unaufmerksam.

Dreht man im Gelände immer die gleiche Runde, kann das einigen Pferden zu langweilig werden. Oft kann es helfen, sie einmal andersherum zu reiten.

Obwohl diese Shettys ständig Auslauf haben, lädt sie der lockere Sandboden zum wilden Toben ein.

# Freilauf, Gymnastik, Austoben

## DEFINITION

Hat ein Pferd nur einen kleinen Paddock oder sind die Witterungsverhältnisse so schlecht, dass die Pferde draußen kaum laufen mögen, kann man ihnen beim Freilauf zusätzliche Bewegung verschaffen. In der Halle oder auf einem eingezäunten, guten Reitplatz ist der Boden meist so gut, dass er zum Laufen einlädt. Das Pferd darf dabei gerne einmal losbuckeln oder mit einem Artgenossen spielen. Unter Freilauf verstehe ich nicht hektisches Rennen von einer Hallenecke in die andere mit ständigem Wechseln der Richtung, wobei sich das Pferd nach außen wegdreht. Ist das Pferd noch nicht so gut erzogen, sollte man für den Freilauf in einer rechteckigen Bahn besser zu zweit sein. Der hier gemeinte Freilauf ist also eine Art Zwitter zwischen Freiheit und geregelter Bewegung. Ganz sich selbst überlassen ist das Pferd nur auf der Weide oder im Auslauf.

Beim Freilauf lassen sich viele mit Dressurlektionen verwandte Bewegungen erkennen.

Es muss auch auf regelmäßige Handwechsel geachtet werden.

Kommen die Pferde so gerne zum Appell, wird es keine Probleme beim Einfangen geben.

## WIRKUNG

Möchte man einmal von seinem Pferd nicht viel verlangen, ihm aber trotzdem etwas Bewegung und Beschäftigung bieten, ist der Freilauf eine gute Lösung. Beim Freilauf können gut mehrere Pferde zusammen bewegt werden, sofern sie sich verstehen. Hat man also einmal nur wenig Zeit für sein Pferd, ist der Freilauf besonders im Winter oft besser als nichts, vorausgesetzt man hat entsprechende Möglichkeiten.

Auch wenn das freie Laufen des Pferdes weniger geregelt ist, kann man ein paar Elemente der Freiheitsdressur einbauen, wie zum Beispiel den Appell mit anschließendem Handwechsel.

Ein kleiner Sprung über ein Cavaletti macht einigen Pferden sogar Spaß und bringt zusätzliche Gymnastik.

## PROBLEME UND LÖSUNGEN

1. Das Pferd läuft freiwillig nicht.

Vorausgesetzt es handelt sich um ein gesundes Pferd, ist das ein ungewöhnliches Verhalten, dessen Ursache gesucht werden sollte. Sind mehrere Pferde in der Bahn, könnte es sein, dass dieses Pferd Angst vor einem anderen hat. Immer ist es bemüht, ihm nicht in die Quere zu kommen, und geht deshalb kaum noch vorwärts. Man sollte eine bessere Pferdekombination wählen, damit jedes Pferd entspannt laufen kann.

Es kann auch sein, dass mangelnder Respekt vor dem Menschen der Grund für den fehlenden Vorwärtsdrang ist. Treibt der Mensch das Pferd an, geht es erst recht nicht, weil es ihm nicht weichen will, und demonstriert so seine Überlegenheit. In dem Fall muss die Rangfolge grundsätzlich wieder geklärt werden. Falls kein Roundpen vorhanden ist, lässt sich das auch an der Longe regeln.

2. Das Pferd ist aggressiv gegen andere Pferde.

Ist das Pferd nicht nur gegen ein anderes Pferd aggressiv, sondern gegen alle, mit denen es die Bahn teilen muss, sollte etwas dagegen unternommen werden. Falls das Pferd nach den anderen beißt, kann es ausgebunden werden, um das zu verhindern. Schwieriger ist es bei Schlägern. Sie müssen hinten gehen, was nicht immer einfach ist, wenn sie in der Rangfolge weit oben stehen. So ein Pferd ist für den Freilauf in der Gruppe einfach nicht geeignet und sollte besser alleine laufen. Macht es das nicht ordentlich und bleibt häufig stehen und wechselt die Richtung, sollte es an die Longe genommen werden. Einen Helfer hat man ja meist nur, wenn mehrere Pferde zusammen laufen.

3. Das Pferd läuft ängstlich davon.

Rennt das Pferd panisch vor dem Menschen davon und rast von einer Ecke in die andere, scheint an dem Verhältnis der beiden etwas nicht zu stimmen. In diesem Zustand sollte das Pferd nicht getrieben werden, sondern zunächst das Vertrauensverhältnis verbessert werden. Dafür wählt man besser die kürzere Distanz und beschäftigt sich in Form von Bodenarbeit mit dem Pferd. An der Longe kann dann noch der Appell geübt werden, bis das Pferd gerne auf Zuruf zum Ausbilder kommt. Erst dann sollte man das Pferd wieder frei laufen lassen und probieren, ob der Appell auch in dieser Situation funktioniert. Wenn nicht, muss er an der Longe weiter gefestigt werden.

# Einreiten

## DEFINITION

Man spricht vom Einreiten, wenn ein Pferd daran gewöhnt wird, einen Reiter zu tragen, und es ein grundsätzliches Verständnis für reiterliche Hilfen bekommt.

## WIRKUNG

Der Effekt des Einreitens bedarf kaum einer Erklärung. Selbstverständlich ist das Ziel, dass sich das Pferd reiten lässt. Durch diese für das Pferd neue Art der Beschäftigung sollte idealerweise die Beziehung zum Menschen gefestigt werden. Läuft beim Einreiten etwas schief, kann die Beziehung aber auch schweren Schaden nehmen.

Körperlich entwickelt sich das Pferd durch die Beanspruchung neuer Muskeln weiter. Regelmäßiges Training und Aufbau der Kondition stärken das Pferd.

## PROBLEME UND LÖSUNGEN

1. Das Pferd geht zu langsam.

Junge Pferde gehen meist eher zu langsam als zu schnell. Sie sind durch das Reitergewicht verunsichert und laufen etwas zögernd. Jetzt muss man aufpassen, sie nicht daran zu gewöhnen, bei jedem Schritt zu treiben, sonst kommt man schwer wieder davon weg. Das Treiben mit dem Schenkel wird zunächst mit einer Gerte unterstützt. Eine Gerte kennen die Pferde bereits von der Bodenarbeit. An diese Hilfe müssen sie

Möchte ein junges Pferd nach dem Aufsteigen nicht antreten, sollte ein Helfer vorgehen, der es dadurch zum Mitkommen motiviert.

nicht mehr gewöhnt werden. So verstehen sie die Schenkelhilfen leichter und werden nicht abgestumpft.

Grundsätzlich muss darauf geachtet werden, den Pferden nicht die Freude am fleißigen Gehen zu nehmen. Dafür kann es viele Ursachen geben, wie zum Beispiel unverständliche Einwirkungen am Gebiss, ein unruhiger Sitz, zu langweiliges Training oder auch Überforderung.

Meist ist das Problem im Schritt am größten. Falls das Pferd so weit ist, dass es schon im Gelände geritten werden kann, helfen Ausritte mit einem fleißigen Pferd als Begleitung, den Schritt zu verbessern. Die Pferde haben im Gelände mehr Lust vorwärts zu gehen und gewöhnen sich an fleißiges Ausschreiten.

Auch in der Bahn gehen etwas faule Pferde häufig in der Gruppe besser. Sie werden von den anderen Pferden mitgenommen. Selbstverständlich muss die Gruppe zusammenpassen und die Übungen entsprechend abgestimmt werden.

Junge Pferde dürfen am lockeren Zügel frei ausschreiten, bis sie genügend Vorwärtsdrang entwickelt haben.

2. Das Pferd ist unkonzentriert.

Junge Pferde können sich nur 20 bis 30 Minuten konzentrieren. Das Programm darf nicht länger sein, sonst muss damit gerechnet werden, dass ein Pferd, das zuerst gut mitgemacht hat, die Konzentration verliert.

Besonders wenn man mit dem Pferd noch kein so eingespieltes Team bildet, sollte man selbst mit voller Konzentration an die Sache herangehen. Ist das an diesem Tag nicht möglich, lässt man besser die Finger von allzu schwierigen Übungen. Zwischendurch können Lektionen verlangt werden, die das Pferd gut kann. So gibt es immer wieder einen Grund zum Loben, wodurch das Pferd besser bei der Sache bleibt.

3. Das Pferd reagiert nicht auf den Schenkel.

Es besteht die Möglichkeit, dass das Pferd die Schenkelhilfen noch gar nicht versteht. Der Reiter sollte überprüfen, ob er die richtigen Gewichtshilfen gibt oder ob sie seinen Schenkelhilfen widersprechen. Grundsätzlich ist es sinnvoll, das Gewicht immer in die Richtung zu verlagern, in die sich das Pferd bewegen soll. Außerdem sollte das Pferd jederzeit die Möglichkeit haben, dem Schenkeldruck auszuweichen, und nicht gegen den Schenkel gelenkt werden.

4. Das Pferd wehrt sich gegen das Gebiss.

Gerade bei jungen Pferden müssen zuerst Zahnprobleme ausgeschlossen werden. Dann muss überprüft werden, ob das Gebiss die richtige Größe hat und ob es in der richtigen Höhe verschnallt ist. Ein zu schmales Gebiss klemmt an den Maulwinkeln, ein zu breites Gebiss kann schräg im Maul liegen, wenn es auf einer Seite zu weit aus dem Maul heraus hängt. Bei jungen Pferden sollte man das Gebiss nicht zu tief einschnallen, damit sie nicht auf die Idee kommen, die Zunge darüber zu nehmen. Haben sie sich an das Gebiss gewöhnt, lässt man es wieder ein Loch tiefer, sodass die Maulwinkel kaum noch hochgezogen werden.

Nicht jedes Gebiss funktioniert bei jedem Pferd gleich gut. Das eine mag lieber ein doppelt gebrochenes, das andere lieber eine einfache dünne Wassertrense. Gut, wenn man verschiedene Gebisse ausprobieren kann. Das Entscheidende für gutes oder schlechtes Annehmen des Gebisses bleibt allerdings die Einwirkung des Reiters. Ist er zu grob oder ungeschickt, wird sich das Pferd wehren, auch wenn sonst alles passt.

# Verladen

## DEFINITION

Führt oder schickt man ein Pferd auf einen Pferdeanhänger oder Transporter, nennt man das Verladen.

## WIRKUNG

Endziel des Verladens ist es, das Pferd von A nach B transportieren zu können. Hier sprechen

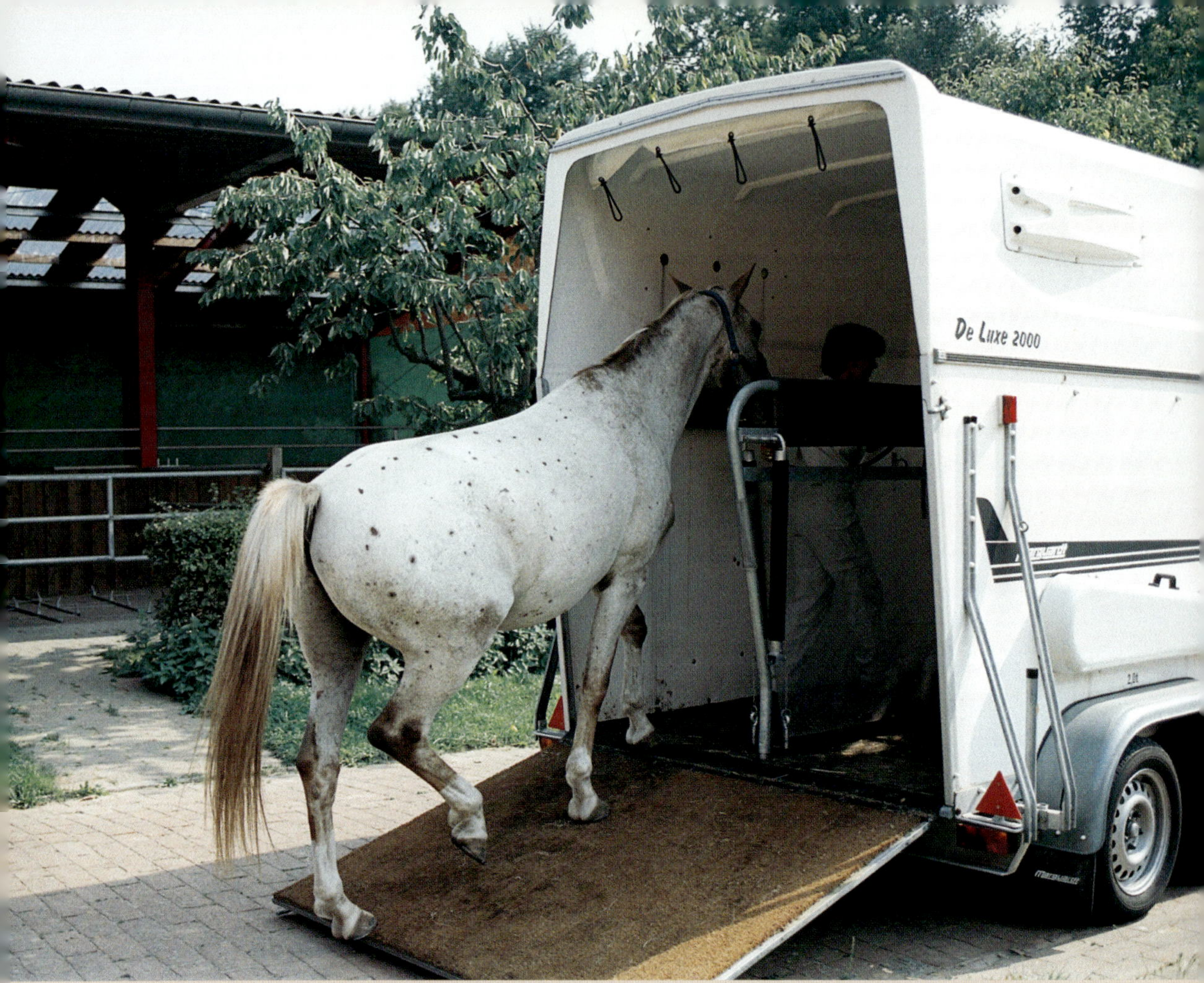


Ob sich ein Pferd gut verladen lässt, liegt oft daran, wie und wohin es gefahren wird.

wir besser von dem Effekt, den das Üben des Verladens hat. Der Mensch und dadurch auch das Pferd sind meist wesentlich entspannter, wenn sie das Verladen üben können, ohne ein Ziel und einen Termin zu haben. So können sich beide in Ruhe auf den Ernstfall vorbereiten.

Man sollte darauf achten, dass das Pferd nicht nur zu unerfreulichen Anlässen transportiert wird, wie zum Beispiel beim Klinikbesuch, Stallwechsel oder einem mit Stress verbundenen Turnierbesuch. Vielleicht lässt es sich einrichten, einmal zu einem entspannten Ausritt in schönem Gelände zu fahren. Mit schwierigen Pferden sollte man einfach nur eine kleine Runde fahren, die wieder zu Hause endet, damit nach dem Aussteigen für das Pferd gleich alles in Ordnung ist.

## PROBLEME UND LÖSUNGEN

1. Das Pferd hat Angst.

Jetzt heißt es vor allem Ruhe bewahren. Ängstliche Pferde brauchen etwas Zeit, um mit der Situation vertraut zu werden. Sie dürfen den

Hänger anschauen und abschnüffeln. Es kann helfen, ein ruhiges Pferd zuerst auf den Hänger zu stellen. Richtet sich das ängstliche Pferd nach dem anderen, geht es ihm hinterher. Dann sollten die beiden aber auch zusammen gefahren werden, sonst kann man beim nächsten Mal größere Probleme bekommen.

Bei einem ängstlichen Pferd ist es durchaus sinnvoll, Futter zur Hilfe nehmen, um es an und auf die Rampe zu locken. Ist das Pferd dann aufgeladen, beruhigt das Futter. Verbindet das Pferd den Hänger mit Füttern, wird es seine Angst schnell vergessen.

2. Das Pferd steht stur und rührt sich nicht.

Sturheit und Ängstlichkeit müssen unterschieden werden. Steht das Pferd stur vor dem Hänger und bewegt sich keinen Schritt mehr, kann man mehr Druck machen, um es wieder zu einer Bewegung zu veranlassen. Ein Zeichen dafür, dass das Pferd nicht aus Angst sondern aus Unwillen vor dem Hänger stehen bleibt, ist das desinteressierte Umherschauen. Das Pferd muss dazu veranlasst werden, sich in irgendeine Richtung zu bewegen. Ist es die falsche, wird sie versperrt. Das kann durch den Zug an der Führkette oder mittels einer langen Gerte oder Peitsche geschehen. Wichtig ist, jede Bewegung in die richtige Richtung sofort zu bemerken, das Pferd dann kurz in Ruhe zu lassen und zu loben. Sobald das Pferd wieder auf stur schaltet, beginnt das Spiel von neuem.

3. Das Pferd springt umher.

Jetzt ist vor allem wichtig, dass das Pferd den Menschen respektiert und ihm nicht auf die Füße springt. Es darf nicht dazu kommen, dass der Mensch ständig zur Seite springen muss, damit er nicht unters Pferd gerät. Sind die Verhältnisse geklärt, kann man sich mit dem Aufladen befassen. Wenn die Möglichkeit besteht, sollte man sich zuvor mit dem Pferd im Roundpen beschäftigen, bis es auf den Menschen achtet und ihn respektiert. So sind die Voraussetzungen für das Verladen wesentlich besser und es muss nicht alles gleichzeitig bearbeitet werden.

# Verschiedene Trainingswochen

Die folgenden Beispiele sollen Anregungen geben, in welcher Reihenfolge die verschiedenen Disziplinen aneinandergereiht werden können. Je nach Temperament und Charakter kann es sinnvoll sein, eine bestimmte Reihenfolge zu planen. Die Überlegungen, die jeweils dahinter stecken, werden erläutert, um sie auch auf andere Pferde anwenden zu können. In dem einführenden Profil wird der Lern- und Arbeitstyp des Pferdes beschrieben. Selbstverständlich handelt es sich nicht um ein starres Schema, Variationen sind immer wieder möglich. Der Sinn der verschiedenen Wochenpläne ist ein möglichst abwechslungsreiches Programm für die Pferde, in dem sich die verschiedenen Disziplinen gegenseitig begünstigen. Je besser die Voraussetzungen sind, desto höher ist die Motivation zur Mitarbeit bei den Pferden.

Canadian Amber in der Pirouette, in der sich Versammlung und Tempo verbinden.

An der Doppellonge kommt Schwung in Ambers Trab.

# Canadian Amber

## PROFIL

Die 13-jährige Morgan-Horse Stute Canadian Amber ist bei allem, was sie tut, überaus eifrig. Sie ist absolut nervenstark, besitzt aber ein leicht zu entfachendes, dabei gut zu regulierendes Temperament. Wenn es doch ein Problem mit ihr gibt, liegt es fast ausschließlich an diesem Eifer, der schnell in Übereifer umschlägt. Es kommt dann darauf an, ihre Energie in die richtigen Bahnen lenken zu können, sonst wird das Pferd hektisch und verwirrt. Gelingt die geschickte Steuerung der Energie, hat man viel Freude an Ambers Leistungswillen und der ständigen Bereitschaft zur Mitarbeit.

Amber hat eine Vorliebe für Lektionen, bei denen sie sich ausgiebig bewegen kann. Ihr Spieltrieb ist nicht sehr stark ausgeprägt, deshalb liegen ihr keine Übungen, bei denen sie hauptsächlich mit dem Kopf arbeiten muss, wie beispielsweise beim Apportieren.

Durch ihren Körperbau, die Sensibilität und das Temperament ist Amber optimal geeignet für Lektionen der klassischen Dressur bei feiner Hilfengebung.

Der Vorwärtsdrang, ihre Ausdauer und absolute Zuverlässigkeit lassen sie zu einem idealen Partner auf langen Geländeritten werden.

## 1. TAG: DOPPELLONGE

An der Doppellonge bringe ich gern etwas Schwung und Weite in Ambers Bewegungen.

Traversalen dienen dem Untertreten des äußeren Hinterbeines.

Ich kann sie schneller vorwärts gehen lassen als unter dem Reiter, ohne dass sie unruhig wird. Auch das Traben über Cavaletti ist ohne Reiter angenehmer. Ich achte auf eine lockere Führung der Longe. Amber soll sich ungestört strecken können.

Die Arbeit an der Doppellonge dient bei Amber besonders dem lockeren, gleichmäßigen Gehen in den drei Grundgangarten. Da sie gerne eher zu viel als zu wenig anbietet, ist es gut, wenn sie weiß, dass nichts Besonderes von ihr erwartet wird.

Gerne lasse ich Amber an der Doppellonge gehen, wenn sie unter dem Reiter beginnt zackelig zu gehen. Meist liegt das daran, dass sie mehr leisten möchte als in dem Moment von ihr erwartet wird. An der Doppellonge achte ich auf lange Schritte im Schritt und Trab. Im Galopp lasse ich sie gehen, bis sie entspannt und rund läuft.

## 2. TAG: DRESSUR

Durch die Arbeit an der Doppellonge am Vortag ist Amber gut für das dressurmäßige Reiten in der Bahn vorbereitet. Ich kann von einem gut trainierten Pferd hohe Versammlung verlangen, ohne Angst vor Überforderung und Verspannung haben zu müssen. Ich reite Amber im Schritt und Trab zunächst in allen Seitengängen. Im Galopp dienen die Traversalen der Vorbereitung von Pirouetten. Nach einer schönen Pirouette in jede Richtung wiederhole ich diese Lektion nicht mehr.

Da alles zu meiner Zufriedenheit gelaufen ist, nehme ich mir für morgen etwas anderes vor.

## 3. TAG: ROUNDPEN

Heute möchte ich Amber nur etwas Abwechslung verschaffen, bei der sie sich locker ohne große Anforderungen bewegen kann. Dafür wähle ich den Roundpen. Um auch einen gymnastizierenden Effekt zu erreichen, benutze ich in allen Gangarten Cavaletti. Amber läuft frei über die Cavaletti und achtet gut darauf, die Hindernisse genau zu taxieren. Im Trab hebt sie

Aufmerksam wartet Amber auf die nächsten Lektionen im Roundpen.

Die Cavalettiarbeit ist ein guter Ausgleichssport zu den versammelnden Lektionen.

deutlich die Beine bei guter Haltung. Im Galopp wölbt sie ihren Rücken. So wird die Muskulatur schonend gekräftigt. Im Trab ohne Cavaletti lasse ich Amber eine Weile laufen, bis sie den Kopf senkt und sich entspannt. Ausbinder benutze ich bei dieser Arbeit nicht. Amber soll von selbst in die für sie angenehme Haltung finden.

Für Ambers Geschmack können Ausritte gar nicht lang genug sein.

## 4. TAG: GELÄNDE

Zu unserer beider Vergnügen geht es heute ins Gelände. Amber hat einen starken Vorwärtsdrang, wobei sie aber stets gut regulierbar bleibt. Da sie sehr nervenstark ist, eignet sie sich hervorragend für entspannte Ausritte. Für ihren Geschmack können diese gar nicht lang genug sein. Leider hat man nicht jeden Tag Zeit, mehrere Stunden auszureiten. Ist das im Urlaub doch einmal möglich, merke ich Amber ihre Zufriedenheit deutlich an.

## 5. TAG: LANGER ZÜGEL

Für Amber ist die Schulung am langen Zügel nicht sehr anstrengend, für mich schon eher. Ich muss sehen, dass ich immer gut Schritt halte und in aufrechter Haltung dicht am Pferd bleibe. Amber ist absolut zuverlässig und es ist nicht gefährlich, so dicht neben ihren Hinterbeinen zu laufen. Mit ihrem guten Vorwärtsdrang und gleichzeitiger Bereitschaft sich zu versammeln sowie den sensiblen Reaktionen auf die Hilfen bietet Amber ideale Voraussetzungen für diese Disziplin.

Am langen Zügel werden mit wenig Hilfen die gleichen Lektionen wie unter dem Sattel verlangt.

Zuverlässigkeit und Arbeitseifer sind zwei wichtige Eigenschaften für die Arbeit am langen Zügel.

Im spanischen Schritt geht Amber fleißig vorwärts und hat eine gute Haltung.

Amber kennt die verschiedenen Seitengänge wie Schulterherein, Travers und Renvers unter dem Sattel. Diese lassen sich auch am langen Zügel abrufen und fördern. Für mich ist es immer wieder interessant, mit wie wenig Hilfen Amber auskommt, um zu erkennen, was von ihr verlangt wird.

Besonders für Vorführungen ist die Arbeit am langen Zügel eine attraktive Bereicherung.

Locker und schwingend soll die Piaffe sein.

## 6. TAG: DRESSUR

Heute ist Amber wieder fit, um an einigen Lektionen weiter zu üben. Die abwechslungsreiche Beschäftigung der letzten Tage versetzt sie in eine gute Verfassung, um eine frische und lockere Piaffe zu zeigen. Der Trab ist weich und geschmeidig. Beim spanischen Schritt muss ich zwei Mal ansetzen, bis ich zufrieden bin. Ich nehme mir für morgen vor, einige Zirkuslektionen vom Boden aus zu üben.

Zirkuslektionen sind gut für Ambers Körper und Geist.

## 7. TAG: ZIRKUSLEKTIONEN

Bei den Zirkuslektionen arbeitet Amber willig mit. Ich darf sie weder zu oft noch zu selten üben, damit sie nicht die Lust verliert und wir immer wieder kleine Fortschritte erzielen. Viele Übungen sind gute Gymnastik. Das Verbeugen beispielsweise verbessert die Schulterfreiheit. Das Hinlegen übe ich gerne an verschiedenen Plätzen, um so für Vorführungen vorbereitet zu sein. Ihr fällt es schwer, nach dem Hinlegen sitzen zu bleiben. Erst ganz langsam machen wir mit dieser Übung Fortschritte. Nun ja, ein Pferd kann eben nicht alles können, obwohl Amber wirklich schon enorm vielseitig ist.

Dass Amber sich fast überall hinlegt, ist ein schöner Vertrauensbeweis.

Mezzo hat die sprichwörtliche Menschenbezogenheit des Arabers geerbt.

An der Longe lernt Mezzo die Drehung um die eigene Achse.

# Mezzo

## PROFIL

Der Araber Partbred Wallach Mezzo zählt mit seinen sechs Jahren noch zu den jüngeren, unerfahrenen Pferden. Er hat viele Eigenschaften, die häufig dem Araber zugeordnet werden, wie die ausgeprägte Menschenbezogenheit und Gelehrigkeit, aber auch das Aufregen über Kleinigkeiten und dann wieder Ruhe in anderen kritischen Situationen.

Mezzo macht besonders bei der Freiheitsdressur Freude, dabei achtet er gut auf Stimmkommandos und Körpersprache. Nicht von ungefähr sieht man in dieser Disziplin im Zirkus meistens Vollblutaraber.

Darüber darf natürlich seine Ausbildung zum Reitpferd nicht zu kurz kommen. Er hat elegante Gänge und eine gute Balance. Galopp fällt ihm nicht besonders schwer.

Auf dem Viereck hat er einen schwachen Vorwärtsdrang, anders sieht es im Gelände aus. Man muss besonders darauf achten, dass sein Schwung erhalten bleibt, damit er sich entspannt und später auch versammeln lässt.

## 1. TAG: LONGE

Heute wird Mezzo longiert. Man muss bei ihm an der Longe sehr darauf achten, dass er im

Vor Beginn der Lektion wird die Longe einmal um den Hals gewickelt.

Bald wird Mezzo die Übung auch ohne Longe ausführen.

Schritt und im Trab nicht zu langsam geht. Nur wenn er sich ein paar Tage wenig bewegt hat, hat er Lust, sich ein wenig auszutoben. Ein paar Bocksprünge bestrafe ich nicht. Das kurze Lossausen im Galopp unterbinde ich mit Stimme und entsprechender Körpersprache, ohne ihn nach innen zu ziehen. Dann hört er damit bald auf und ich kann volle Aufmerksamkeit verlangen. Wenn er im richtigen Tempo geht, stellt sich eine schöne Haltung ganz von selbst ein.

Mezzo hört sehr gut auf die Stimme. An der Longe bereite ich Lektionen vor, die er später auch in der Freiheitsdressur zeigen soll. Das sind beispielsweise die Drehungen um die eigene Achse, die über das normale Grundprogramm wie Rückwärtsgehen und Appell an der Longe hinausgehen.

Die Volten an der Longe im Trab und Galopp sind gutes Training für die Arbeit unter dem Sattel.

## 2. TAG: DRESSUR

Wenn Mezzo von gestern noch alles gut in Erinnerung hat, ist das eine gute Voraussetzung für das heutige Reiten. Bei Mezzo lege ich vor allem Wert auf das willige Befolgen der Hilfen, ohne zu schwierige Lektionen zu verlangen. Er soll sich geschmeidig biegen lassen und gerne vorwärts gehen. Um das zu erreichen benutze ich im Schritt und Trab häufig das Schulterherein. Dazwischen achte ich auch immer wieder darauf, dass er sich strecken kann und locker geradeaus geht. Einen hohen Grad der Versammlung kann man bei seinem Ausbildungsstand noch nicht erwarten.

Schulterherein ist eine wichtige Grundlektion, die auch in Mezzos Ausbildung nicht fehlt.

Noch trabt Mezzo mit zu hohem Kopf.

Wird Mezzo im richtigem Tempo getrieben, sinkt der Kopf immer tiefer.

So lernt er viel besser als mit Ausbindern, in der richtigen Haltung zu gehen.

## 3. TAG: FREIHEITSDRESSUR

Es macht großen Spaß, ein Pferd frei in der Halle „longieren" zu können, ohne dass es hektisch von einer Ecke in die andere vor einem davonläuft. Mezzo geht auch in der rechteckigen Halle gut auf dem Zirkel um mich herum. Auf Stimme kombiniert mit meiner Körpersprache und Peitschenzeichen geht er in allen Gangarten, läuft Volten um mich herum und dreht sich um sich selbst. Er kommt zu mir, wenn ich ihn rufe, oder hält an und geht rückwärts. Dieses Training möchte ich gerne immer weiter verfeinern. Die Freiheitsdressur gehört zu Mezzos starken Seiten. Da macht er seiner arabischen Hälfte alle Ehre.

Im Gelände fühlt sich Mezzo am sichersten, wenn er von seiner Freundin Amber begleitet wird.

## 4. TAG: GELÄNDE

Heute geht es mit Mezzo ins Gelände. Wir werden von seiner Freundin Amber begleitet, die von Susanne geritten wird. Amber und Mezzo sind im Auslauf und auf der Weide ein unzertrennliches Gespann. Ist sie dabei, gibt ihm das Sicherheit in unbekannten Situationen. Mit einem sicheren Pferd als Begleitung lassen sich junge Pferde am einfachsten an das Reiten im Gelände gewöhnen. Junge Pferde kann man auch gut als Handpferd mitnehmen, wenn sie entsprechend erzogen sind.

Mezzos Schritt ist in der Halle nicht der fleißigste. Im Gelände ist es wesentlich leichter, ihn in einem raumgreifenden Schritt zu reiten. Meist bringt das mehr als zu häufiges Üben in der Halle. Diese Beobachtung kann man bei vielen Pferden, die am Anfang ihrer Ausbildung stehen, immer wieder machen.

Die Zügel lasse ich meist locker. Er soll sich in Ruhe umsehen können. Wenn ich das Tempo im Trab regulieren muss, achte ich aber darauf, dass Mezzo dabei dem Zügel nachgibt.

Heute ist Mezzo auf der gleichen Strecke alleine unterwegs.

## 5. TAG: GELÄNDE

Geht es um eine Kurve, gebe ich dem Pferd auch im Gelände die entsprechende Biegung und lasse es sich nicht steif in die Kurve legen. Sollte ein Pferd noch nicht so gut im Gleichgewicht sein, ist das besonders wichtig.

Je nach Stimmung kann es bei Mezzo schon einmal vorkommen, dass er sich vor ein paar Blümchen erschreckt oder eine Fliege ihn zu einem Bocksprung verleitet. Wirklich ängstlich ist er aber nicht. Heute ist er ganz gelassen, so dass wir morgen alleine ausreiten werden.

Mit Mezzo reite ich heute eine ähnliche Strecke wie gestern, als wir mit Amber unterwegs waren. Wenn wir alleine im Gelände sind, wiehert er ab und zu, lässt sich aber wieder beruhigen. Es ist angenehm, wenn man ohne andere Pferde ausreiten kann. Zur Gewöhnung hilft es bei manchen Pferden, wenn sie von einem Spaziergänger oder einem Radfahrer begleitet werden. So können sie stufenweise daran gewöhnt werden, auf einen Artgenossen zu verzichten, bevor sie dann nur mit ihrem Reiter unterwegs sind.

Schrittpausen am langen Zügel sind für jedes Pferd wichtig.

## 6. TAG: DRESSUR

Mein Programm in der Halle sieht heute ähnlich aus wie beim letzten Mal. Mezzo geht im Trab locker und gibt dem Zügel gut nach. Heute galoppieren wir auch. Er hat wenig Probleme mit dem Gleichgewicht und geht gut auf dem Zirkel. Mit dem Galopp warte ich in der Ausbildung immer so lange, bis das Pferd Schulterherein im Schritt beherrscht und ansatzweise auch im Trab.

## 7. TAG: ZIRKUSLEKTIONEN

Nachdem Mezzo die letzten drei Tage unter dem Sattel gegangen ist, üben wir heute zur Abwechslung an den Zirkuslektionen weiter. Zum Aufwärmen lasse ich ihn zuerst etwas Schulterherein an der Hand gehen. Er lernt als Vorstufe zum spanischen Schritt die Polka, bei der nur jeden dritten Schritt ein Vorderbein gehoben wird.

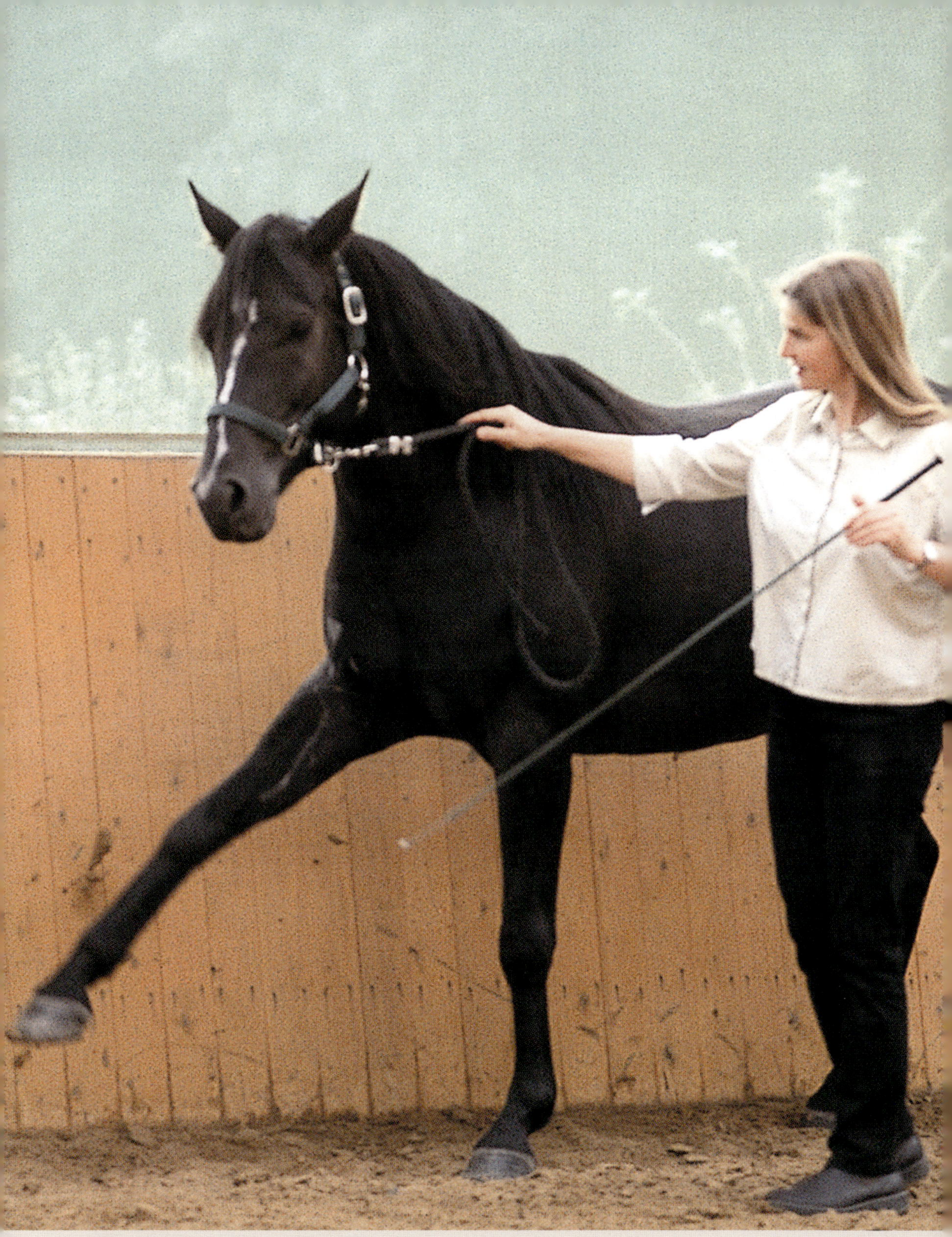

Bevor ein Pferd den spanischen Schritt unter dem Sattel geht, wird an der Hand geübt.

Mezzo soll Hinlegen auf Kommando lernen.

Damit Mezzo länger liegen bleibt, gebe ich ihm zwischendurch eine Belohnung.

Um ihm verständlich zu machen, dass er sich hinlegen soll, habe ich bei ihm den Weg über das Wälzen gewählt. Wenn ich ihn in der Halle frei laufen lasse, wälzt er sich nahezu immer. Inzwischen kann ich den Moment immer besser bestimmen und ihn nach dem Hinlegen vom Wälzen abhalten. Weiterhin lässt sich das Aufstehen durch ein Kommando und einen Leckerbissen im Moment des Sitzens unterbrechen.

Mezzo macht meist willig mit, ist aber nicht sehr verspielt. Dadurch kommt er zwar nicht durch den eigenen Übereifer durcheinander, braucht manchmal aber etwas länger, bis er herausfindet, was man meint.

Um das Sitzen zu erarbeiten, sollte in diesem Moment das Aufstehen unterbrochen werden können.

In dieser Position ist es sicherer, die Belohnung von der Seite zu reichen.

Jack ist ein ruhiges Pferd, das aber aufmerksam mitarbeitet.

Auf einem begrenzten Zirkel kann Jack gut sein Gleichgewicht im Galopp finden.

# Jack

## PROFIL

Bei dem fünfjährigen Jack handelt es sich ganz offensichtlich um eine Kreuzung, in der auch ein Kaltblut mitgemischt hat. Bei seinem Vater soll es sich allerdings um einen Appaloosa gehandelt haben. Wie schon sein Körperbau vermuten lässt, gehört er zu den gemütlichen Typen. Ihn kann so schnell nichts aus der Ruhe bringen. Natürlich fehlt es ihm in seinem Alter noch an Erfahrung und manch Unbekanntes wird vorsichtig beäugt, vor Temperamentsausbrüchen ist man bei ihm aber sicher. Gerade bei diesen Pferden muss darauf geachtet werden, sie nicht unsensibel zu behandeln und dadurch unsensibel zu machen. Sie lernen vielleicht nicht am schnellsten, machen dafür aber keine Probleme bei kleinen Fehlern seitens des Ausbilders.

Unter dem Sattel befindet sich Jack noch in der Grundausbildung, bei der das Annehmen feiner Hilfen im Vordergrund steht. Da er im Gelände angenehm zu reiten ist, bietet ein Ausritt eine willkommene Abwechslung für Mensch und Pferd.

Bei den Zirkuslektionen entwickelt Jack besonderen Eifer und macht sehr gerne mit.

## 1. TAG: ROUNDPEN

Um mit Jack das taktmäßige Laufen in schwungvollen Gangarten zu üben, geht er heute in den

Jack wird gerne mit dem Vosal geritten, einer gebisslosen, dem Bosal verwandte Zäumung.

Roundpen. Er kennt die Arbeit im Roundpen bereits, so dass die leichte Einzäunung des Zirkels genügt. Mit oder ohne Longe läuft er schöne runde Kreise. Seine Kopfhaltung ist manchmal etwas zu hoch oder unruhig, wird aber immer besser, wenn er sich eingelaufen hat und einige Runden getrabt ist. Das runde Galoppieren hat er an der Longe und im Roundpen gelernt. Im Roundpen kann man besonders gut darauf achten, dass Jack sein Tempo von alleine hält und nicht bei jedem Schritt getrieben werden muss.

Auf die Stimmkommandos hört er gut und reagiert sensibel auf Hilfen mittels Körpersprache.

## 2. TAG: DRESSUR

Jack wird seit gut einem Jahr von Eike geritten. Er kann inzwischen die drei Grundgangarten, Schulterherein im Schritt und Trab, die Traversalen werden immer besser. Anhalten, Rückwärtsgehen und Hinterhandwendungen bereiten ihm keine Probleme.

Durch Seitengänge erhält er die nötige Gymnastizierung.

Nicht ganz einfach ist bei Jack das Annehmen des Gebisses. Gerne sperrt er das Maul auf und lässt die Zunge heraushängen, auch wenn am Zügel gerade gar nichts passiert. Vermutlich hängt das damit zusammen, dass er von seinem Vorbesitzer gefahren wurde. Vielleicht wurde dabei zu wenig Rücksicht auf das Pferdemaul genommen. Aus diesem Grund wird Jack jetzt oft gebisslos geritten. Allmählich vergisst er das Herausstrecken der Zunge immer öfter.

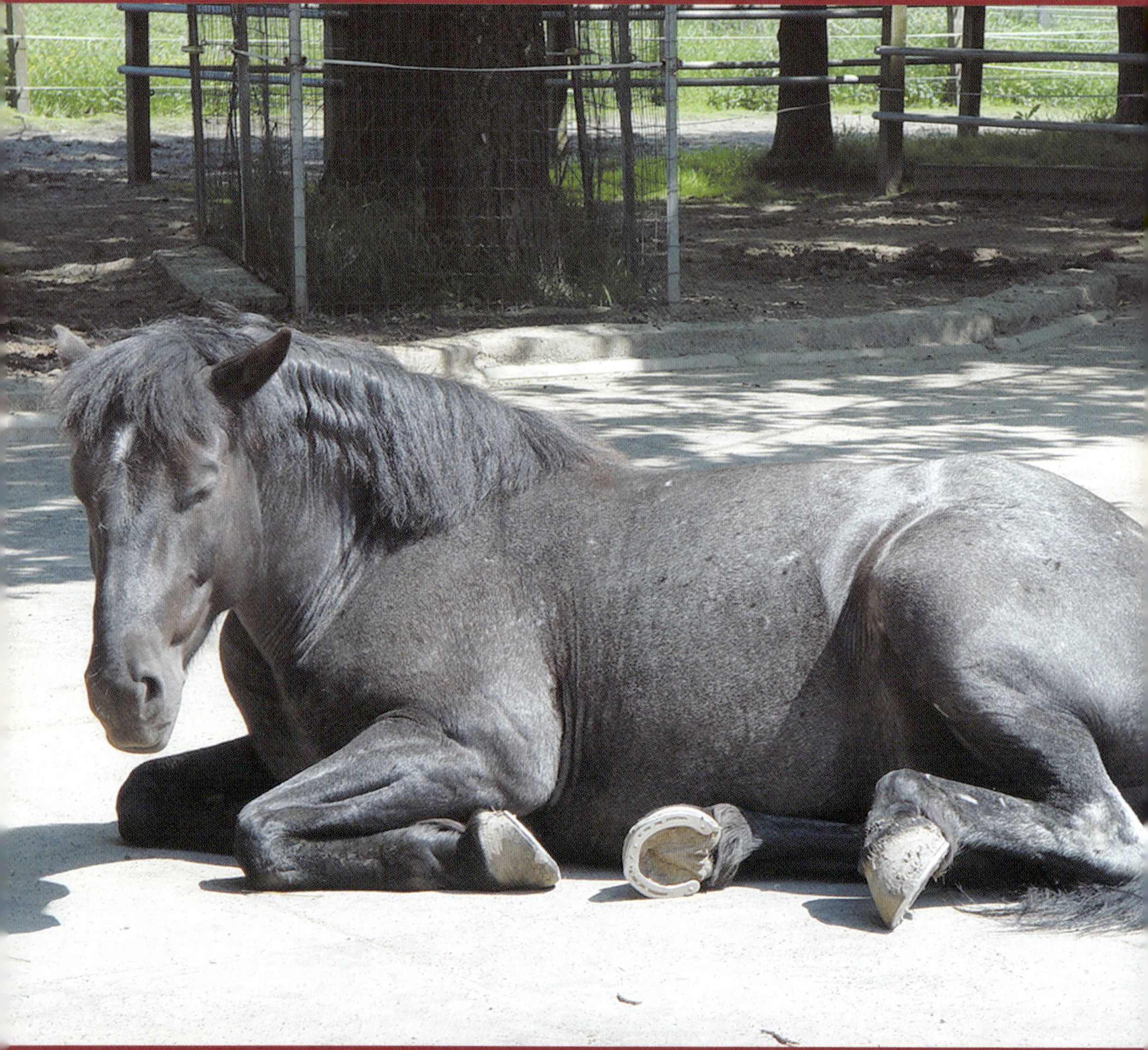

## 3. TAG: FREI

Jack hat es sich auf den Gummimatten im Auslauf bequem gemacht.

Heute reitet Eike mit Trense. Bei der Hinterhandwende beginnt Jack sich zu versammeln.

## 4. TAG: DRESSUR

Nach einem freien Tag geht Jack wieder frisch an die Arbeit. Es ist zu merken, dass er vorgestern gründlich gymnastiziert wurde. Er lässt sich leicht biegen und läuft gleichmäßig. War die Reitpause einmal etwas länger, fällt ihm einiges schwerer und es dauert länger, bis er so gut geht, wie er es im Grunde kann. Da er mit der gebisslosen Zäumung letztes Mal ganz schön zu reiten war, wird heute ein ähnliches Programm mit Trense geübt, um ihn auch daran zu gewöhnen.

## 5. TAG: ZIRKUSLEKTIONEN UND TRAIL

Damit Jack des Trainings in der Halle nicht überdrüssig wird, übt Eike heute mit ihm einige Zirkuslektionen und reitet ihn danach noch im Trail.

Jack macht bei den Zirkuslektionen eifrig mit. Da er sehr verfressen ist, kann man ihn mit Leckerli gut ködern, muss allerdings acht geben, dass er darüber nicht alles andere vergisst. Übungen wie das Besteigen eines Podests und das Kompliment verbessern Jacks Gleich-

Durch Übungen wie das Besteigen eines Podests lernt Jack seine Beine zu sortieren.

Im Kompliment zeigt Jack, dass er Vertrauen zu Eike hat, und lernt sein Gleichgewicht zu halten.

Willig und aufmerksam geht Jack auf den Erdwall ...

... und klettert ruhig und gelassen wieder hinunter.

gewicht und verstärken das Vertrauen zum Menschen.

Die verschiedenen Trailhindernisse sind förderlich für Jacks Körpergefühl. Jack neigt dazu, zu schlurfen und nicht aufzupassen, wo er hintritt. Wenn er über einen kleinen Wall, eine Brücke oder so genannte Walk-overs gehen muss, achtet er viel besser auf seine Beine.

Am Tor lässt sich überprüfen, wie gut die praktische Anwendung der Hilfen funktioniert, die er in der Halle gelernt hat.

Im ausgreifenden Schritt führt Jack die kleine Gruppe an.

## 6. TAG: GELÄNDE

Da Jack ein sehr ausgeglichenes Temperament hat, ist er im Gelände gut zu reiten. Wie auch bei Mezzo fällt es im Gelände leichter, einen fleißigen Schritt zu reiten. Mit Jack macht es keine Schwierigkeiten, vor oder hinter anderen Pferden zu reiten. In unbekannten Situationen soll er ab und zu vorne gehen, um ihn sicherer zu machen, falls er alleine ausgeritten wird.

## 7. TAG: GELÄNDE MIT HANDPFERD

Da Jack sicher und gut zu regulieren ist, kann Eike heute Nappo als Handpferd mitnehmen. Das Handpferd gibt dem Reitpferd das Gefühl, nicht alleine zu sein und umgekehrt. Das Reitpferd muss allerdings so zuverlässig sein, dass man sich auch auf das zweite Pferd konzentrieren kann. Zum Üben der Situation eignen sich unbestellte Felder sehr gut. Dort ist genügend Platz, um mit zwei Pferden nebeneinander reiten zu können. Wenn nötig, kann man jederzeit einen Bogen reiten. Das sollte für alle Fälle mit dem Handpferd innen oder außen geübt werden.

Jack eignet sich mit seinem angenehmen Temperament gut, um ein Handpferd mitzunehmen.

Jetzt möchte Nappo an der Reihe sein und steckt seinen Kopf ins Halfter.

# Nappo

## PROFIL

Das fünfjährige Pony Nappo sieht aus wie ein zu klein geratener Knabstrupper. Als ich ihn vor drei Jahren kennen lernte, war Nappo sehr scheu, so dass er sich auf der Weide nicht einfangen ließ. Er kam von einem Händler. Wer weiß, was er vorher erlebt hatte. Doch schon nach einigen Wochen wurde Nappo zutraulicher. Heute steht das einst so scheue Pony mit ganz vorne, wenn es um die Verteilung von Streicheleinheiten geht.

Mit vier Jahren wurde Nappo eingeritten. Aufgrund seiner Größe wird er aber nur wenig geritten und stattdessen auf andere Art und Weise beschäftigt. Ihm fehlt die typische Frechheit vieler Ponys. Meist wartet er fragend ab, was von ihm verlangt wird. Sobald man sich ihm verständlich machen konnte, führt er willig die verlangte Lektion aus. Das sind gute Voraussetzungen für die Arbeit am langen Zügel, eine Disziplin, zu der nicht alle kleinen Pferde geeignet sind, die das Longieren und die Bodenarbeit aber sehr schön ergänzen kann.

Nappos Temperament liegt bei einem guten Mittelmaß und lässt sich leicht regulieren. Über ihn könnte man guten Gewissens sagen, dass er ein ideales Kinderreitpony wäre.

## 1. TAG: ROUNDPEN

Heute bekommt Nappo Bewegung im Roundpen. Da er für mich zu klein zum Reiten ist, suche ich mir andere Möglichkeiten, ihn zu beschäftigen.

Im Schritt und Trab geht Nappo problemlos seine Runden. Er neigt allerdings ein wenig zum Kreuzgalopp. Das lässt sich im Roundpen besser korrigieren als an der Longe. Wegen des begrenzten Zirkels kann Nappo nicht nach außen ziehen und die Hinterhand bricht nicht aus dem Kreisbogen aus. Das Ausbrechen der Hinterhand führt an der Longe häufig zu Kreuzgalopp.

Im Roundpen achte ich darauf, dass Nappo in jeder Gangart ordentlich geht.

Der Trab darf nicht zu langsam und nicht zu schnell sein, damit er weder schlurfend noch hektisch wird.

So springt Nappo im Galopp mit dem inneren Hinterbein gut unter.

Je länger Nappo trabt, desto lockerer geht er und senkt auch den Kopf. Auch bei Ponys, die nicht geritten werden, sollte man auf eine anatomisch günstige Haltung achten. Diese kann nicht durch Ausbinder vorgegeben werden, sondern muss vom Pferd selbst gefunden werden, wenn es im richtigen Tempo in regelmäßigen Kreisen longiert wird.

Auch wenn Nappo heute frei hat, bekommt er auf der Weide genug Bewegung.

## 2. TAG: FREI

## 3. TAG: LONGE

An der Longe lernt Nappo ohne Begrenzung in die gewünschte Richtung zu laufen.

Heute übe ich mit Nappo in der Halle an der Longe. So kann man im Gegensatz zum Roundpen das Pferd auch geradeaus gehen lassen. Das ist besonders wichtig, wenn das Pferd nicht auch geritten werden kann. Ich kombiniere gerade Strecken und Biegungen und lasse Nappo abwechselnd ganze Bahn und Volten gehen.

Anhalten aus dem Trab und erneutes Antraben stärkt die Hinterhand und fördert die Aufmerksamkeit. Dabei achtet Nappo auch sehr gut auf meine Stimmkommandos.

Auf der linken Hand fällt Nappo nur einmal in den Kreuzgalopp. Vielleicht hat das Üben im Roundpen geholfen, den Galopp zu verbessern.

## 4. TAG: LANGER ZÜGEL

Am langen Zügel kann ich Nappo auch in Seitengängen schulen. Aus der Arbeit an der Hand kennt er die Wirkung des Gebisses. Das Biegen und Nachgeben muss allerdings noch weiter verbessert werden. Schritt und Trab sind am langen Zügel möglich, für Galopp ist er noch nicht versammelt genug. Leichter wäre es, wenn Nappo auch dressurmäßig geritten werden würde. Es lassen sich leichter Lektionen nacharbeiten, die das Pferd bereits vom Reiten kennt, da die Palette der Hilfen am langen Zügel begrenzter ist. In Nappos Fall muss ich auf das Reiten verzichten und ihm etwas Neues direkt am langen Zügel vermitteln.

Nappo geht am langen Zügel Schulterherein. Im Gegensatz zu Amber kennt er diese Lektion nicht vom Reiten.

Nappo kann mit allen Hufen auf dem Podest balancieren.

## 5. TAG: ZIRKUSLEKTIONEN UND TRAIL

In den letzten Tagen wurde Nappos Körper mehr trainiert als sein Geist, heute ist es umgekehrt. Bei den Zirkuslektionen muss er sich gut konzentrieren und mitdenken. Auch im Trail wird sein Auffassungsvermögen angesprochen.

Nappo lernt leicht und macht wenig Blödsinn. Er ist nicht so frech wie unsere beiden anderen Shettys. Ein Kunststück hat Nappo sich selbst beigebracht: Er gibt eine Art Küsschen auf die Wange. Das sollte man allerdings nicht jedem Pferd erlauben. So ein Kunststück kann auch lästig werden, falls das Pferd zu aufdringlich ist.

Kleine Pferde wie Nappo haben meist wenig Schwierigkeiten mit dem Kompliment.

Nappo soll Abwechslung bekommen. In unserem Naturtrail üben wir das Führen bergauf ...

... und bergab. Er ist konzentriert und versucht nicht zu fressen.

Seitwärtsgehen unter erschwerten Bedingungen. Das kann einmal nützlich werden, wenn das Pferd in eine Enge geraten ist.

Durch meine gebückte Haltung veranlasse ich Nappo dazu, sich die Brücke anzuschauen.

Nappo kann verschiedene Zirkuslektionen. Er kann zum Beispiel mit allen vier Hufen auf einem Podest stehen, das Kompliment, Knien und die Polka. Beherrscht ein Pferd diese Übungen, vergisst es sie nicht so schnell wieder und sie müssen nur ab und zu geübt werden. Anders ist das bei neuen Lektionen. Um Fortschritte zu erzielen, sollten sie sehr oft, aber nicht zu lange geübt werden.

In unserem Naturtrail im Wald ist Nappo angenehm zu führen. Neues betrachtet er skeptisch, geht dann aber vertrauensvoll überall mit. Er hat sich als vorsichtig in vielen Situationen, aber nicht sehr schreckhaft erwiesen.

Nappo will gefallen und sich mit seiner Leistung eine Belohnung verdienen.

Nappo genießt das Spielen mit seinem Kumpel Campino.

Wenn ich das Kommando übernehme, traben die drei Shettys brav im Kreis.

## 6. TAG: FREILAUF

Da es auf dem Hof drei Shettys gibt, bietet es sich an, sie gemeinsam zu beschäftigen. Das machen wir in einer Art kontrolliertem Freilauf. Die Ponys sollen hintereinander in der vorgegebenen Gangart und Richtung laufen. Zuvor dürfen sie sich etwas austoben oder wälzen. Da jedes einzelne Pony die Kommandos kennt, funktioniert es auch, wenn sie zusammen laufen. Geübt werden alle Gangarten und der Handwechsel durch die ganze Bahn. Es ist günstig einen Helfer dabei zu haben, sodass jeder in einem Zirkel stehen kann. Die Kommandos sollten aber nur von einer Person gegeben werden.

Nappo läuft immer an dritter Stelle. Diese Reihenfolge haben die Shettys selbst gewählt. Es wäre sicher schwer, sie zu verändern.

Am Ende freuen sich alle drei auf den Appell, weil sie dann eine Belohnung bekommen. Wenn es darum geht, noch ein Kunststück zu zeigen, eifern sie um die Wette.

Nappo hat Glück. Er darf als Handpferd mit ins Gelände.

## 7. TAG: GELÄNDE ALS HANDPFERD

Heute darf Nappo als Handpferd mit Jack ins Gelände. So kommt er auch einmal vom Hof und kann sich die Landschaft anschauen. Die letzten Tage hatte Nappo ausreichend Bewegung, sodass er ausgeglichen mitläuft. Trotz seiner geringen Größe kann er erstaunlich gut mithalten.

So ein Ausflug ist für kleine Ponys eine gesunde Abwechslung. Die Bewegung an der frischen Luft tut gut. Obwohl unsere Pferde immer draußen sind, sorgen wir für zusätzliche Bewegung. Die Anreize zum Laufen im Auslauf und auf der Weide sind meist nicht ausreichend, sorgen aber zumindest für eine gewisse Grundkondition. Nappo kommt nicht ins Schwitzen, während er mit Jack mitläuft.

Nun hoffe ich, dass jeder Leser nach der Lektüre dieses Buches das Passende gefunden hat, um sein Pferd mit neuen Ideen zu freudiger Mitarbeit motivieren zu können.

Nathalie Penquitt

Weitere Bücher von Dr. Nathalie Penquitt:

- **Nathalie Penquitts Pferdeschule**
- **Erste Schritte unter dem Sattel**
- **Nathalie Penquitts Longierschule**

Alle Bücher erschienen im
Franck Kosmos Verlag, Stuttgart